Alexander Röttger

Anforderungen an die agile Personalführung

Digitale Transformation und Agilität in der Versicherungsbranche

Bibliografische Information der Deutschen Nationalbibliothek:

Die Deutsche Nationalbibliothek verzeichnet diese Publikation in der Deutschen Nationalbibliografie; detaillierte bibliografische Daten sind im Internet über http://dnb.d-nb.de abrufbar.

Impressum:

Copyright © Studylab 2020

Ein Imprint der GRIN Publishing GmbH, München

Druck und Bindung: Books on Demand GmbH, Norderstedt, Germany

Coverbild: GRIN Publishing GmbH | Freepik.com | Flaticon.com | ei8htz

Zusammenfassung

Die digitale Transformation ist in allen Branchen aktuell das Hauptthema in der Gestaltung des Geschäftsmodells. Auch die Versicherungsbranche setzt sich aktuell stark mit diesem Thema auseinander und entwickelt alte Geschäftsfelder neu. Durch die Möglichkeiten der Digitalisierung sind die Umweltbedingungen sehr variabel und erfordern eine höhere Anpassungsfähigkeit. Nur agile Unternehmen können auf lange Sicht bei der Transformation erfolgreich sein. Agilität setzt jedoch auch eine agile Personalführung voraus, um Prozesse und Ergebnisse zu beschleunigen. Dabei sind auch aktuelle Trends zu berücksichtigen.

Das Ziel dieser Bachelorarbeit ist es, die Anforderungen an die agile Personalführung zu erkennen. Dabei wird auf die digitale Transformation, Agilität und moderne Führungstheorien eingegangen. Durch Verbinden der Voraussetzungen und Eigenschaften dieser Themen kann ein Anforderungsprofil an die Organisation und die Führungskräfte erstellt werden. Die Anforderungen zeigen, dass die neuen Umweltbedingungen als Chance zu sehen sind. Durch starke Werte wie Vertrauenskultur und durch neue agile Methoden kann eine agile Personalführung die digitale Transformation bestärken und beschleunigen. Das Anforderungsprofil an Organisationen und Führungskräfte steigt jedoch an, genauso wie die Notwendigkeit der Team- und Zusammenarbeit.

Die Ergebnisse zeigen, dass die Versicherungsbranche aktiver werden muss. Die Anforderungen an die agile Personalführung sind für von Hierarchie geprägte Versicherungsunternehmen schwerer einzuführen, als für mögliche neue Mitbewerber. Treiber und Enabler sind in diesem Kontext Human Resources und Führungskräfte, die nun vermehrt als Coaches und Moderatoren auftreten müssen.

Abstract

The digital transformation is currently the main theme in the design of the business model in all industries. The insurance industry is also currently deeply with this topic and is redeveloping old business fields. The possibilities of digitization making environmental conditions very variable and require greater adaptability. Only agile companies can succeed in the transformation in long run. Agility also requires agile leadership to accelerate processes and results. At the same time current trends must be considered.

The aim of this bachelor thesis is to recognize the requirements of agile personnel management. It deals with digital transformation, agility and modern leadership theories. By combining the prerequisites and properties of these topics a requirement profile can be created for organization and executives. The requirements show that the new environmental conditions are seen as an opportunity. Through strong values like a culture of trust and new agile methods an agile personnel management can strengthen and accelerate the digital transformation. However, the requirement profile for organizations and executives is increasing as the need of teamwork and collaboration.

The results showing that the insurance industry needs to become even more active. The requirements for agile personnel management are harder to introduce for insurance companies with a strong hierarchy than for potential new competitors. In this context drivers and enablers are human resources and executives, who now increasingly have to act as coaches and moderators.

Inhaltsverzeichnis

Zusammenfassung III

Abstract IV

Abbildungsverzeichnis VI

1 Einleitung 1

2 Digitale Transformation in der Versicherungsbranche 2
    2.1 Digitalisierung und digitale Transformation – eine Abgrenzung 2
    2.2 Die Versicherungsbranche wird digital 3
    2.3 Externe Treiber für Versicherungsunternehmen 5
    2.4 Interne Treiber für Versicherungsunternehmen 8
    2.5 Auswirkungen der Digitalisierung und der digitalen Transformation 10

3 Agilität im Unternehmen 18
    3.1 Was bedeutet Agilität? 18
    3.2 Best Practices – erfolgreicher Einsatz von Agilität in Unternehmen 21
    3.3 Agilität als Werkzeugkasten: ausgewählte Instrumente 23

4 Moderne Führung 29
    4.1 Führung im Wandel 29
    4.2 Überblick über aktuelle Führungsmethoden und Prinzipien 31
    4.3 Personalführung der Zukunft – zwei Varianten 33

5 Anforderungen an die agile Personalführung 38
    5.1 Anforderungen an die Organisation 38
    5.2 Anforderungen an die Führungskraft 43

6 Fazit und Ausblick 47
    6.1 Fazit 47
    6.2 Ausblick für die Versicherungsbranche 48

Literaturverzeichnis 50

Abbildungsverzeichnis

Abb. 1: Mosaik der Arbeitsgestaltung nach Jäger 11

Abb. 2: Vier Kategorien digitaler Reife 14

Abb. 3: VOPA+ Modell 28

Abb. 4: Grundmodell von Scrum 37

Abb. 5: Agil-iterative Planung und klassische Planung 40

Abb. 6: Die drei Säulen agiler Organisationen 42

1 Einleitung

Diese Thesis beschäftigt sich mit den Anforderungen an die agile Personalführung in Versicherungsunternehmen unter Berücksichtigung der digitalen Transformation der Branche. Die Thesis besteht aus drei Teilen. Der erste Teil beschäftigt sich mit den theoretischen Grundlagen der Digitalisierung und der Agilität. Die Kapitel dienen zum Verständnis der Themen unter Berücksichtigung aktueller Entwicklungen. Dabei werden Beispiele genannt, um die Sachverhalte zu veranschaulichen. So wird die digitale Transformation erläutert, technische Hintergründe geklärt und die Auswirkungen und Treiber innerhalb der Versicherungsbranche aufgezeigt. Mit dem Kapitel Agilität im Unternehmen wird der Begriff an sich sowie die dazugehörigen Unterthemen untersucht. Zur besseren Einordnung in die Wirtschaftswelt werden dann Erfolgsberichte, sogenannte Best Practices, genannt. Der erste Teil der Thesis findet dann seinen Abschluss in der näheren Erklärung von ausgewählten Instrumenten und agilen Methoden.

Der zweite Teil der Arbeit beschäftigt sich mit den Themen der modernen Führung und den Anforderungen an die agile Personalführung. Dies soll den Blick auf ältere und aktuelle Führungstheorien schärfen. Die Verbindung von modernen Führungstheorien, digitaler Transformation und agiler Personalführung wird durch die Darstellung zweier moderner Führungstheorien, des sogenannten Digital Leadership und dem agile Leadership nach Scrum hergestellt. Diese beiden Theorien stellen die Basis für die Erkennung der Anforderungen. Die Anforderungen werden unterteilt auf Organisations- und Führungskraftebene. Im Bereich der Organisationsebene wird zudem auf das Thema der Unternehmenskultur eingegangen.

Der dritte und letzte Teil der Thesis bildet der Schlussteil. Dieser besteht dabei aus zwei Teilen. Das Fazit fasst branchenübergreifend die Erkenntnisse der vorausgegangenen Kapitel zusammen und verdeutlicht die Ergebnisse und Zusammenhänge. Der zweite Teil, der Ausblick für die Versicherungsbranche, zieht ein Resümee unter Berücksichtigung der branchenspezifischen Charakteristika und soll weitere Chancen und Handlungsempfehlungen aufzeigen.

Der Einfachheit halber wird in dieser Thesis die männliche Form für Ansprachen oder Berufsbezeichnungen verwendet. Mit dieser Wahl soll der Lesefluss gewährleistet werden. Es ist jedoch immer die weibliche oder unbestimmte Form mitgemeint.

2 Digitale Transformation in der Versicherungsbranche

Die Digitalisierung und die digitale Transformation sind aus dem Alltag nicht mehr wegzudenken. Der Einsatz modernster Technologie hat auf die Gesellschaft und Wirtschaft einen sehr weitreichenden Einfluss. So wird die Digital Economy auch als Zeitalter der Beschleunigung gesehen.[1] Versicherungen müssen selbstverständlich mithalten, um den geänderten Kundenansprüchen gerecht zu werden und nicht von modernen Formen, den sogenannten Insurtechs, verdrängt zu werden. Der dafür notwendige Aufwand ist erheblich groß. So schätzt alleine die Wirtschaftsprüfungsgesellschaft *KPMG* das Investitionsvolumen der Branche im Jahre 2016 auf ca. 1,8 Mrd. EUR.[2] Zum Volumen passend erklärte die *Allianz SE*, Deutschlands größter Erstversicherer, ab 2015 für drei Jahre 100 Mio. EUR alleine in die Digitalisierung des Vertriebes zu investieren.[3] Doch für was steht die Digitalisierung, was geht mit einer digitalen Transformation einher? Die kommenden Punkte sollen die Digitalisierung erläutern, Abgrenzungen zur digitalen Transformation liefern, den Weg dorthin erklären und den momentanen Stand der Versicherungsbranche wiedergeben.

2.1 Digitalisierung und digitale Transformation – eine Abgrenzung

Die Digitalisierung selbst ist von der digitalen Transformation einer Unternehmung her abzugrenzen. Betrachtet man die Digitalisierung für sich alleine, so gibt es keine einheitliche Definition. Grundsätzlich kann man jedoch bei der Digitalisierung von der Umwandlung von analogen Informationen oder Instrumenten zu einer von computergestützten Instrumentalisierung sprechen.[4] Von diesem rein technischen Aspekt ausgehend verbreitet die Digitalisierung neue technologische Möglichkeiten, die die Gesellschaft im Alltag nutzen kann.[5] Bezieht man die Digitalisierung auf ein einzelnes Unternehmen, so kann man diese aktuell als Rohstoff und selbstständigen Produktionsfaktor ansehen.[6] Die neuen Informations- und Kommunikationstechniken der ökonomischen Akteure lassen sich in externe und interne Treiber differenzieren. Als externe Treiber sind neue Anforderungen von

---

[1] Vgl. Petry [2016a], S. 11.
[2] Vgl. KPMG AG [o. J.], o. S.
[3] Vgl. Gebert [o. J.], o. S.
[4] Vgl. Bendel [o. J.], o. S.
[5] Vgl. Petersen [2014], S. 987 f.
[6] Vgl. Lechte/Reuß [2017], S. 7.

Kunden und Lieferanten, neue Marktkonstellationen und politische Regulatorik zu nennen. Interne Treiber sind Prozessverbesserungen inklusive einhergehender Kostenoptimierungen, organisatorische Veränderungen sowie die individuellen Anforderungen von Mitarbeitern.[7] Die digitale Transformation jedoch beschreibt den Wandel, die Möglichkeiten der Digitalisierung in einer Unternehmung oder einer gesamten Branche zu verstehen und umzusetzen. Damit ist also der Gesamtprozess gemeint, technologische Entwicklungen im Spannungsfeld von Strategie, Organisation und der Kultur zu etablieren und zu nutzen.[8] Für ein Unternehmen ist maßgeblich erfolgsentscheidend, sich nicht nur auf die Technik zu konzentrieren, sondern ganzheitlich mögliche Veränderungen im Auge zu behalten.[9] Hierbei ist zu beachten, dass die Digitalisierung selber keine Strategie darstellt, sie liefert stattdessen nur die Technologien, um Geschäftsmodelle zu verändern.[10] Die digitale Transformation stellt somit eine grundlegende Veränderung oder gar Revolution dar. Es erfordert neues Wissen und eine neue Unternehmenskultur, um jahrelang feststehende Strukturen und Prozesse zu überdenken und aufzubrechen.[11] Zusammengefasst beschreibt die digitale Transformation somit den Wandel zur erfolgreichen Nutzung digitaler Technologien, um grundsätzliche Geschäftsverbesserungen für alle Stakeholder eines Unternehmens zu generieren und einhergehend Veränderungen in allen Bereichen innerhalb eines Unternehmens zu managen.[12]

2.2 Die Versicherungsbranche wird digital

Oft wird behauptet, dass die Versicherungsbranche nicht digitalisierungsfreudig ist. In Anbetracht der langen Geschichte vom Geschäftsmodell der Versicherung, das fast 3000 Jahre zurückreicht, ist dies jedoch nicht angebracht.[13] Die Versicherungsbranche erlebt aktuell nicht ihre erste Stufe der Digitalisierung. Die erste Digitalisierung erfolgte in den 60er Jahren, als die Welle mit Großrechnerkernen der Assekuranz einen technologischen Stoß in die Moderne gab.[14] Diese dort implementierten Systeme haben zwar lange dem Anspruch Stand gehalten, entsprechen

---

[7] Vgl. Deloitte [2013], S. 9 f.
[8] Vgl. Petry [2016b], S. 21 f.
[9] Vgl. Petry [2016b], S. 30.
[10] Vgl. Versicherungswirtschaft heute [2018], o. S.
[11] Vgl. Samulat [2017], S. 103.
[12] Vgl. Bonnet et al. [2013], S. 2 ff.
[13] Vgl. Köhler [2017], S. 43.
[14] Vgl. Köhler [2017], S. 49.

aber heute nicht mehr den Anforderungen. Durch neue Technologien, wie zum Beispiel Cloudcomputing, Big Data oder dem Internet of Things, gibt es zu viele Baustellen in den IT-Ressorts der Versicherungen. Die Großrechnersysteme, die meistens auf HOST-Basis laufen, können nicht mehr weiterprogrammiert werden und sind zudem auch noch extrem wartungsintensiv.[15] Gerade hinsichtlich der Schnelligkeit und Flexibilität, die durch neue Produkte und Lösungsansätze gefordert sind, kommen die HOST-Anwendungen durch Batch- und Jobketten an ihre Grenzen.[16] Batch- und Jobketten laufen in der Regel einmal über Nacht durch und verarbeiten so die von den Mitarbeitern oder Kunden getätigten Eingaben. So geht man davon aus, dass ca. 75 Prozent aller Schaden- und Lebensversicherer aktuell immer noch mit der alten Technik arbeiten.[17] Ende der 90er Jahre hat man bereits schon erste Versuche unternommen, die Systemstruktur zu erweitern. Versicherungskonzerne bedienten sich an einem Topf von performanter Standardsoftware, die mit hausinternen Lösungen kombiniert wurde, um für die Zukunft gerüstet zu sein.[18] Doch auch diese Anwendungen stoßen in Anbetracht von Big Data und Cloudcomputing an ihre Grenzen. Die Digitalisierung beschränkt sich nun nicht mehr auf die IT, den Vertrieb von Versicherungsprodukten oder kundennahe Servicebereiche, sie verändert den gesamten Versicherungsbetrieb sowie das Produktportfolio.[19] Digitale Technologien wurden in der Versicherungsbranche bis dato nur dafür benutzt, bereits bestehende Prozesse oder Services zu verbessern, anstatt neue Geschäftsfelder, Produkte oder Kundenzentrierung zu entwickeln.[20] Durch stetige Veränderungen in der Umwelt der Versicherungsbranche entstehen zudem neue Geschäftsideen und Kundenkontaktpunkte.[21] Die IT-Ressorts der Versicherer erhalten somit in der nun dritten Welle der Digitalisierung wieder erneut eine Hauptrolle und sind zugleich einer der Haupttreiber in der digitalen Transformation[22]. Die Herausforderung besteht jedoch darin, die IT-Transformation in Einklang mit den Wünschen und Erwartungen aller Fachbereiche zu koordinieren. Es kommt somit zu einer Schnittstellenbildung und einer deutlichen Erhöhung der

---

[15] Vgl. Loyal/Widmann [2017], S. 69.
[16] Vgl. ebd.
[17] Vgl. Matouschek/von Hülsen [2015], S. 343.
[18] Vgl. Loyal/Widmann [2017], S. 69.
[19] Vgl. Matouschek/von Hülsen [2015], S. 344.
[20] Vgl. KPMG [2015], S. 2.
[21] Vgl. Loyal/Widmann [2017], S. 70.
[22] Vgl. Promerit AG [2016], S. 4.

Komplexität in der Steuerung.[23] Insbesondere hier muss ein Umdenken erfolgen, da nun zuerst in Produkten und dann in mögliche IT-Prozessketten gedacht werden muss.[24] Als prägnantestes Beispiel ist hier der Weg vom reinen Kostenerstatter hin zum Schadenverhüter zu nennen, was die Telematikversicherung im Bereich der KFZ-Versicherung ermöglicht.[25] Die Versicherungsbranche ist zusätzlich mit einem enormen Vorteil ausgerüstet, da Versicherungsdienstleistungen grundsätzlich komplett ohne Haptik auskommen können und somit für die Digitalisierung bestens geeignet sind.[26]

2.3 Externe Treiber für Versicherungsunternehmen

Im vorherigen Unterkapitel wurde bereits herausgestellt, dass die IT ein Treiber für die Digitalisierung ist. Betrachtet man im Allgemeinen die Treiber differenzierter, so ergeben sich ganz viele Akteure. Die Digitalisierung ist ein Thema, welches sich quer durch die Unternehmensstruktur zieht und jeden Mitarbeiter direkt betrifft.[27] Als externer Haupttreiber stechen die geänderten Kundenanforderungen heraus. Das Konsumentenverhalten hat sich in den letzten Jahren stark verändert. Digitale Services als Produktlösungen haben komplette Branchen verändert, so haben zum Beispiel Plattformen wie *Booking.com* das Geschäftsmodell von Reisebüros disruptiv verändert.[28] Das grundlegende Bedürfnis der Kunden hat sich nicht geändert, nur die Art der Problemlösung wurde kundenorientiert überarbeitet, transparent gestaltet und bei niedrigen Kosten extrem vereinfacht.[29] In diesem Beispiel greift der Grundsatz, dass erst in Produkten und nicht in fertigen Technologien gedacht werden soll, um eine Dienstleistung zu erschaffen, die auf ihre Art und Weise besser ist als eine klassische Lösung.[30] Klassische Unternehmen setzten lange auf gewachsene Strukturen der Wertschöpfung und optimierten diese kontinuierlich, um im Wettbewerb attraktiv zu bleiben.[31] Die Versicherungsgesellschaften in Deutschland, die durchaus als klassisches Unternehmen hinsichtlich ihrer

---

[23] Vgl. Loyal/Widmann [2017], S. 70 f.
[24] Vgl. Samulat [2017], S. 71.
[25] Vgl. Pohl [2018], o. S.
[26] Vgl. Schmidt [2013], S. 115.
[27] Vgl. Promerit AG [2016], S. 18 f.
[28] Vgl. Schönbohm [2016], S. 294.
[29] Vgl. ebd.
[30] Vgl. Samulat [2017], S. 71.
[31] Vgl. Schönbohm [2016], S. 295.

Strukturen und ihres Geschäftsmodells zu werten sind, sind grundsätzlich nicht sehr offen für Veränderungen.[32] Dennoch könnte gerade die Versicherungsbranche von der Digitalisierung und den daraus resultierenden Veränderungen profitieren. Durch veränderte Kommunikation können Versicherungsprodukte anders dargestellt werden, die Lebenserwartung steigt und erhöht den Bedarf nach Altersvorsorge und Cyberrisiken erfordern neue Absicherungskonzepte für andere Unternehmen.[33] Da die Altersvorsorge jedoch auch von Banken oder Assetmanagern verwaltet werden kann, bieten sich gerade für Versicherungen disruptive Geschäftsmodelle an, die Gesamtlösungen und keine reinen Finanzprodukte umfassen.[34] Diese können dank der Digitalisierung dann individuell an jeden einzelnen Kunden angepasst werden.[35] Doch veränderte Produkte und Services, angepasst an die neuen Kundenanforderungen, erzwingen letztendlich auch eine neue Marketing- und Vertriebsstruktur. Diese neuen Absatzmöglichkeiten sind von großem Vorteil, da sie kostengünstiger und einfacher zu steuern sind.[36] Von Vertriebskanälen losgelöst, sind auch soziale Netzwerke wie *Facebook* und *Xing* für das Marketing hervorragend geeignet, um sich als Unternehmen zu präsentieren und Kontakt zu bestehenden und potentiellen Kunden herzustellen.[37] Die Relevanz für die aktive Verwendung des Internets und digitalen Services werden durch die Annahme der Kunden gestützt. Bereits 2013 haben 40 Prozent der aktiven Internetnutzer in Deutschland einen Versicherungsvertrag über das Internet abgeschlossen.[38] Versicherungsunternehmen besitzen klassisch getrennte Vertriebskanäle, wie eigene Handelsvertreter, angeschlossene Maklerpools, Partnerbanken, Vergleichsportale und die eigene Website zum Direktvertrieb. Hier besteht nun der Druck, alle diese Kanäle digital zu vereinen, da der Kunde bei der Informationsbeschaffung und beim Abschluss nicht mehr zwischen den Kanälen unterscheiden kann.[39] Diese Weiterentwicklung folgt dem sogenannten Omnichannel, so dass Kontaktmöglichkeiten offline und online gebündelt sind und der Kunde frei wählen kann.[40] Dies

---

[32] Vgl. Richter/Zimmermann [2015], S. 12.
[33] Vgl. Reich/Stange [2015], S. 3 ff.
[34] Vgl. Reich/Stange [2015], S. 7.
[35] Vgl. Matouschek/von Hülsen [2015], S. 343.
[36] Vgl. Schneider [2014], S. 2.
[37] Vgl. Weber [2013], S. 207 ff.
[38] Vgl. Heute und Morgen [2013], S. 5.
[39] Vgl. Matouschek/von Hülsen [2015], S. 342.
[40] Vgl. Michopoulos [2015], S. 22 ff.

bedeutet für die IT-Ressorts, dass eine einheitliche und effiziente Software mit entsprechenden Schnittstellen zur Verfügung gestellt werden muss. Auch der Außendienst muss sich auf Verkaufsberatungen mit einem Tabletcomputer einstellen und bindet somit das Internet aktiv in die Beratung mit ein.[41] Neben der Kundenorientierung, die dadurch entsteht, liegt ein weiterer Vorteil in dem Sammeln von Daten. Umfassende Datensätze, die durch Kunden oder Berater in das Big Data System eingetragen werden, sind hilfreich um die Risiken besser einschätzen zu können und letztlich auch dafür nützlich, den Kunden besser kennenzulernen.[42] Die Versicherungsunternehmen haben nun die Möglichkeiten, individuelle und aktuelle Kundenwünsche aufzunehmen und neuartige Lösungen anzubieten. Dies ist auch notwendig, da das traditionelle Geschäftsmodell weiter unter Druck gerät.[43] Neben Fintechs oder Insurtechs sind auch Unternehmen, die bereits eine große Erfahrung im Bereich Big Data und Kundenfokussierung besitzen, auf dem Vormarsch disruptive Versicherungslösungen anzubieten. Als größter Treiber ist hier sicherlich *Amazon* zu sehen, welches seit Ende 2017 Schritte in Richtung Produktversicherungen plant.[44] Als weiterer externer Treiber ist die politische Regulatorik zu nennen. So muss jedes Versicherungsunternehmen seit Januar 2016 der Solvency II Richtlinie höchste Bedeutung zukommen lassen. Die Richtlinie soll europaweit die Eigenmittelausstattung von Versicherungsunternehmen vereinheitlichen, Standards für das Risikomanagement setzen und die Publikationspflichten anpassen.[45] Alleine die Steuerung des Risikomanagements durch eine vollständige Berichterstattung und eines internen Kontrollsystems kann nur garantiert werden, wenn IT-Systeme und deren digitale Prozesse in Echtzeit Daten liefern.[46] Die Vermeidung von Medienbrüchen, verändertes Bewusstsein und Nutzung im Controlling stärkt dabei die Glaubhaftigkeit der Ergebnisse und bedingt einen hohen Personaleinsatz im Controlling.[47] Die Komplexität und die Menge an Daten durch die Verwendung von Big Data, steigern intern den Bedarf von Compliance, insbesondere durch den Einschluss der digitalen Vertriebskanäle.[48] Die Digitalisierung und die digitale

---

[41] Vgl. Matouschek/von Hülsen [2015], S. 342.
[42] Vgl. Bohle/Lindner [2017], S. 346 f.
[43] Vgl. Nickler [o. J.], o. S.
[44] Vgl. Fromme [2017], o. S.
[45] Vgl. BaFin [2016], o. S.
[46] Vgl. Braun/Janker/Weddehage [2017], S. 163.
[47] Vgl. Braun/Janker/Weddehage [2017], S. 159 f.
[48] Vgl. Bohle/Linder [2017], S.145 ff.

Transformation findet sich somit nicht nur im Vertrieb, sondern auch ganzheitlich in den Prozessketten der Überwachung und Steuerung der Versicherungsaktivitäten wieder. Sie verändert somit das gesamte Betriebsmodell und stellt somit hohe Anforderungen an die Agilität von IT-Ressorts.[49]

2.4 Interne Treiber für Versicherungsunternehmen

Der Markt und das Umfeld für Versicherungsunternehmen verändern sich. Um diese Veränderungen abfangen und nutzen zu können, verändern sich Versicherungsunternehmen auch intern. Hier ist als Haupttreiber die Unternehmenskultur zu identifizieren. Die Unternehmenskultur war teilweise über 100 Jahre nach innen gerichtet und muss nun zu einer Orientierung nach außen hin gewandelt werden.[50] Es wurde wenig kundenorientiert und innovativ gehandelt, vielmehr ging es um das Verwalten gestandener und erfolgreicher Produkte ähnlich eines Beamtentums.[51] Als weiterer Treiber ist, im Zusammenhang mit der Symbiose zur Wettbewerbsfähigkeit, der interne Kostendruck zu nennen. Um externe Bedrohungen des Wettbewerbes entgegenwirken zu können, müssen im Vorfeld intern die Kosten gesenkt werden.[52] Oft werden Lean Management Prozesse verwendet, um die Wertschöpfung bestehender Versicherungen auszubauen oder sogar komplette Cost-Cutting Programme gefahren.[53] Die Forderung nach größtmöglicher operativer Effizienz und geringer Kostenquote rührt insbesondere aus der Garantieerfüllung alter Kapitalversicherungsprodukte im Bestand und Erfüllung interner Richtlinien, die analog auch für die Erfüllung regulatorischer Bedingungen gefordert werden.[54] So kündigte zum Beispiel *die AXA Deutschland* im März 2017 ein weiteres Cost-Cutting Programm an, welches 800 Stellen kostet, 180 Millionen Euro einspart und gleichzeitig ein Digitalisierungsprojekt darstellt, um mit über 200 Initiativen die eigene IT und die Unternehmenskultur für die Zukunft zu rüsten.[55] Diese radikale Art des organisatorischen Umbaus ist auch oft notwendig, um wichtige Neuerungen zu implementieren. Die Versicherungsunternehmen benötigen durch die Wandlung entwicklungsfreudiges oder gar neues Personal als das bisher

---

[49] Vgl. Matouschek/von Hülsen [2015], S. 342 f.
[50] Vgl. Richter/Zimmermann [2015], S. 21 ff.
[51] Vgl. Richter/Zimmermann [2015], S. 22 f.
[52] Vgl. Hoser/Scham [2017], S. 34.
[53] Vgl. Richter/Zimmermann [2015], S. 19.
[54] Vgl. Hoser/Scham [2017], S. 25.
[55] Vgl. Wenig [2017], o. S.

eingesetzte. Dabei wird der Einsatz in den Bereichen der IT, im Kundenservice und der Produktentwicklung steigen, im Gesamten jedoch wird die Branche Mitarbeiter durch Eliminierung von Verwaltungspositionen verlieren.[56] Das für die neuen Aufgaben notwendige neueingestellte Personal, wird größtenteils der Generation Y angehören. Die Generation Y beschreibt die Jahrgänge 1977 bis 1998. Diese sind bestens ausgebildet, neuste Technologien werden von den Digital Natives sicher genutzt und die Flexibilisierung der Arbeitszeit und -formen ist ein wichtiger Wohlfühlfaktor.[57] Es kommt erschwerend hinzu, dass sich diese Generation nicht mehr auf dem herkömmlichen Wege führen lässt. Ältere Führungskräfte merken, dass die Ansprüche der neueren Generationen hinsichtlich der Eigenverantwortung und dem Wunsch nach flachen Hierarchien dem spürbar entgegenstehen, was in der Vergangenheit Maß aller Dinge war.[58] Auch hier kommt das Problem der langen Vergangenheit der Versicherer zum Tragen. Versicherungsunternehmen sind stärker gefordert, sich zu wandeln, als andere Dienstleistungsunternehmen, die ein jüngeres Durchschnittsalter der Mitarbeiter besitzen. Die Unternehmenskultur richtet sich in der Zukunft nicht nur kundenorientiert aus, sondern auch gezielt am eigenen Personal. Das Verständnis von Führung und der Zusammenarbeit im Unternehmen orientiert sich mehr an den Mitarbeitern, als an den zu erfüllenden Zielen. Die aktuellen Führungskräfte der Versicherungsbranche, geprägt durch enormes, aber spezifisches Fachwissen, entstammt der Babyboomer-Generation und wurde auch auf Grund ihrer konservativen Sicherheitseinstellung und Veränderungsaversion bevorzugt eingestellt.[59] Da die neueren Generationen jedoch die Freiwilligkeit der Arbeit bevorzugen[60], die im Einklang zu den neuen Arbeitsformen wie der Projektarbeit stehen, muss sich die Kultur und das Denken ändern. Das bisherige Denken, geprägt durch Fachwissen, verhindert das kunden- und produktorientierende Denken und ist somit als großes Hindernis für Innovationen zu sehen.[61] Insgesamt werden die zukünftigen Unternehmenskulturen flexible und moderne Strukturen beinhalten, neuartige Denkansätze in Richtung Kunden und Lösungen liefern sowie sich beschleunigt verändern und erneuern.[62]

---

[56] Vgl. Schnell [2017], o. S.
[57] Vgl. Nowotny [2018], S. 37.
[58] Vgl. Nowotny [2018], S. 35.
[59] Vgl. Richter/Zimmermann [2015], S. 19 f.
[60] Vgl. Nowotny [2018], S. 37 f.
[61] Vgl. Richter/Zimmermann [2015], S. 22 f.
[62] Vgl. Richter/Zimmermann [2015], S. 23.

2.5 Auswirkungen der Digitalisierung und der digitalen Transformation

Die digitale Transformation ist, entgegen einer klassischen Evolution, ein Wandel zu einem unbekannten Zustand x. Es ist ein sich stetig beschleunigender Entwicklungsprozess, der neue Geschäftsmodelle und grundlegende Veränderungen in der Interaktion zwischen den Menschen im Unternehmen beinhaltet.[63] Der Wandel und die Konsequenzen daraus sind dabei nicht unbekannt. Die Kommunikation und Interaktion von Menschen im privaten Leben hat sich in den letzten Jahren bereits radikal verändert, so dass sich diese Bedingungen und Grundsätze auch auf die organisatorische Ebene projizieren lassen.[64] Hiermit schließt sich ein Kreislauf, denn jene Veränderungen im privaten Umfeld der Menschen, also dem eigenen Verhalten als Kunden, spiegelt sich als der externe Haupttreiber im Unterkapitel 2.3 wieder. Mit den Veränderungen im Geschäftsmodell geht auch eine Wandlung der bisherigen Arbeit einher. Die essentiellen Fragen sind hier, wie viele Jobs in der digitalen Welt gebraucht werden und wie die Arbeit zukünftig organisiert und ausgestaltet ist.[65] Die Zahl der Arbeitsplätze wird in der Gesellschaft kontrovers diskutiert. Einfache Tätigkeiten, die durch einen digitalen Prozess erledigt werden können, werden in Zukunft wegfallen. In positiver Haltung geht man davon aus, dass dennoch die Mehrheit aller Tätigkeiten auch weiterhin existent bleiben, jedoch mit anderen Aufgabengebieten und der Fokussierung auf Mensch-Maschinen-Interkation wie die Steuerung und Überwachung von automatisierten Prozessen.[66] Diese Haltung beschränkt sich dabei nicht nur auf einfache Tätigkeiten. Auch höhere Aufgabengebiete wie Personal- und Unternehmensführung kann digitalisiert werden. Digitale Prozesse können intelligent und schnell organisieren, koordinieren, entscheiden oder sogar Mitarbeiter im Sinne der Führung motivieren.[67] Betriebsräte und Gewerkschaften sehen diesen Wandel natürlich sehr kritisch. Hauptbestandteil der Arbeit in den Gewerkschaften ist das aktive Kämpfen gegen den Wegfall von Arbeitsplätzen durch Digitalisierung oder digitale Transformationen. Es werden wieder oft Regelungen zu Personalbemessung in Tarifverträgen ausgehandelt, die somit Mindestzahlen von Arbeitsstellen in Unternehmungen festlegen. Gleichartige Regelungen wurden bereits in den 70er Jahren eingesetzt,

---

[63] Vgl. Schönbohm [2016], S. 294.
[64] Vgl. Schönbohm [2016], S. 294 f.
[65] Vgl. Petry [2016b], S. 36 f.
[66] Vgl. Petry [2016b], S. 36.
[67] Vgl. Hofert [2016], S. 21.

als erste Maschinen die Druckindustrie grundlegend verändert haben.[68] Dagegen bewerten führende Ökonomen, die eher Arbeitgebern zugeneigt sind, den Wegfall von Arbeitsplätzen sogar als notwendig. Diese sehen in der Digitalisierung Chancen, den zu erwartenden Fachkräftemangel auszugleichen.[69] Unter der Nutzung der digitalisierten Arbeitswelt ergeben sich viele Veränderungen in der Organisation. Oft werden in diesem Zusammenhang Begriffe wie Industrie 4.0, Smart Factory oder speziell für die Versicherungsbranche Versicherungen 4.0 gebraucht. All diese Begriffe können unabhängig von Ihrem Wirtschaftszweig unter dem Begriff Arbeitswelt 4.0 zusammengefasst werden.[70] Die Arbeitswelt 4.0 ist genauso schnell beschleunigend, da sie mit der Digital Economy einhergeht. Die Nutzung digitaler Technologien verändert die gesamte Arbeitsgestaltung im Unternehmen. Das Modell Mosaik der Arbeitsgestaltung nach Jäger zeigt die sechs fundamentalen Bereiche, die sich grundlegend und fortlaufend ändern. Die auslösenden Faktoren entstammen dabei aus den Bereichen Technologie, Gesellschaft und Kultur. Veränderungen in den auslösenden Faktoren führen auch direkt wieder zu Veränderungen in den sechs Feldern der Arbeitsgestaltung.[71]

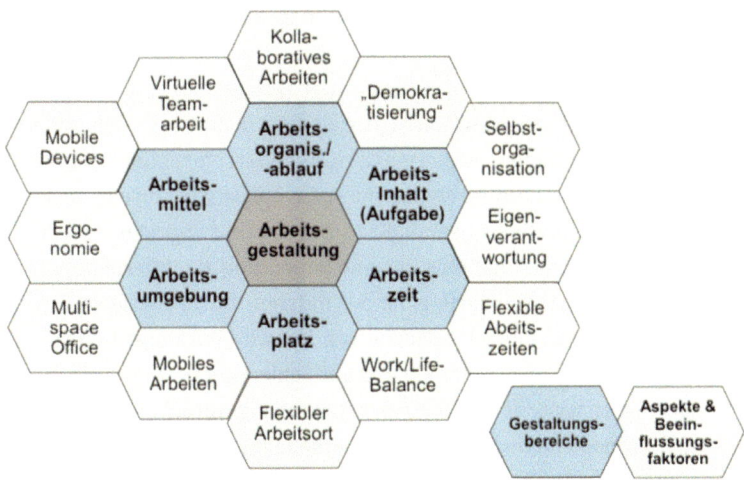

Abb. 1: Mosaik der Arbeitsgestaltung nach Jäger
(Quelle: Petry [2018], o. S.)

---

[68] Vgl. Schwarzbach [2017], S. 11.
[69] Vgl. Thier [2016], o. S.
[70] Vgl. Jäger/Körner [2016], S. 100 f.
[71] Vgl. Petry [2016b], S. 36.

Am Beispiel der Kombination Arbeitsplatz und Arbeitsumgebung ergibt sich eine starke Veränderung der Arbeitsgestaltung. Menschen können ihre Arbeit flexibel von Zuhause aus erledigen, das soziale Gefüge wird durch räumliche Trennung zum Teil verletzt. Das Privat- und Berufsleben von Mitarbeitern verschmilzt, mit positiven und negativen Folgen. Führungskräfte befinden sich hier in einem Spannungsfeld, wo von der Präsenz- zur Ergebniskultur umgedacht werden und die persönliche Bindung auch über technische Kanäle bestärkt werden muss.[72]

2.5.1 Herausforderungen der Digitalisierung auf die Organisationstruktur

Alle bereits genannten Entwicklungen führen zur einer sehr dynamischen Umwelt für Unternehmen. Die Organisation muss sich ständig verändern und berührt damit die Gegenwart und die Zukunft gleichermaßen. Die Organisation und das Management agieren somit gleichzeitig in der Gegenwart und in einer unsicheren Zukunft.[73] Die Umweltsituation und die daraus entstehenden externen Herausforderungen können sehr gut am VUCA-Modell dargestellt werden. VUCA als Akronym entstammt dem amerikanischen Militärjargon und steht für Volatility, Uncertainty, Complexity und Ambiguity.[74] Volatility beschreibt die zum Teil nicht vorhersehbaren Veränderungen. Kann man sich nicht gegen diese Veränderungen schützen, so ist die Fähigkeit der Anpassung verlangt. Hier spricht man von der Agilität, die in Kapitel 3 ausführlich behandelt wird. Uncertainty steht für Unsicherheit und Ungewissheit von Situationen und Ereignissen. Es bedarf einer ständigen Beschaffung von Informationen und Interpretation derer. Complexity beschreibt die komplexen Zusammenhänge und die Notwendigkeit, diese auf ein angemessenes Maß zu reduzieren. Diese Fähigkeit hat eine enorme Bedeutung, da Unternehmungen unter hoher Komplexität handlungsfähig bleiben müssen, um zu überleben.[75] Ambiguity spricht die Fähigkeit an, Ambivalenzen von Ursache-Wirkungs-Hebeln zu erkennen, Hypothesen daraus zu erstellen und aus Fehlern und Experimenten zu lernen. Auch hier werden zentrale Elemente der Agilität angesprochen. Langfristige, nicht mehr zielführende Planungen und unvorhersehbare Geschäftsentwicklungen sind die Konsequenzen dieser vier Kräfte, die meistens gleichzeitig in Digital Economy wirken.[76] Neben diesen externen Herausforderungen, die sich auf Grund der

---

[72] Vgl. Petry [2016b], S. 38.
[73] Vgl. Jäger/Körner [2016], S. 112.
[74] Vgl. Petry [2016b], S. 38.
[75] Vgl. Hofert [2016], S. 22.
[76] Vgl. Petry [2016b], S. 38 f.

Digitalisierung ergeben, gibt es auch interne zu überwinden. Als Grundsatztechnik der Unternehmungsführung muss die Organisation auf die digitale Transformation ausgerichtet werden. Hierbei greift der Grundsatz Structure follows Strategy abgewandelt auf Structure follows Processes[77]. Eine erfolgreiche Digitalisierung kann dabei nur erfolgen, wenn diese auch in der Unternehmensstrategie mit abgestimmter Vision, Mission und abgeleiteten Zielen formuliert wird.[78] Organisationen sollten dabei auch beachten, wie die IT strategisch eingebettet werden soll. Durch die Verschmelzung von Geschäfts- und Prozessanforderungen, werden die Business Units die IT vornehmlich in Anspruch nehmen.[79] Je nach Ausrichtung kann die Digitalstrategie auf inneren oder äußeren Fokus zielen. Die Fokussierung sollte klar den Unternehmenszielen entnommen werden können, wobei die äußere Ausrichtung auf die Digitalisierung der Kundeninteraktion zielt und die innere auf Operational Excellence.[80] Dies entscheidet dann letztlich über die strategische Einbindung der IT. Sinnvoll kann ebenfalls eine Bündelung der Verantwortungen hinsichtlich der Transformation sein. Hier kommt es dann auch auf den Reifegrad der Unternehmung an. Als Hilfestellung kann das vier Ebenen Modell der digitalen Reife verwendet werden.

---

[77] Vgl. Detecon [2016], S. 6.
[78] Vgl. Petry [2016b], S. 50 f.
[79] Vgl. Detecon [2016], S. 6.
[80] Vgl. Petry [2016b], S. 51 f.

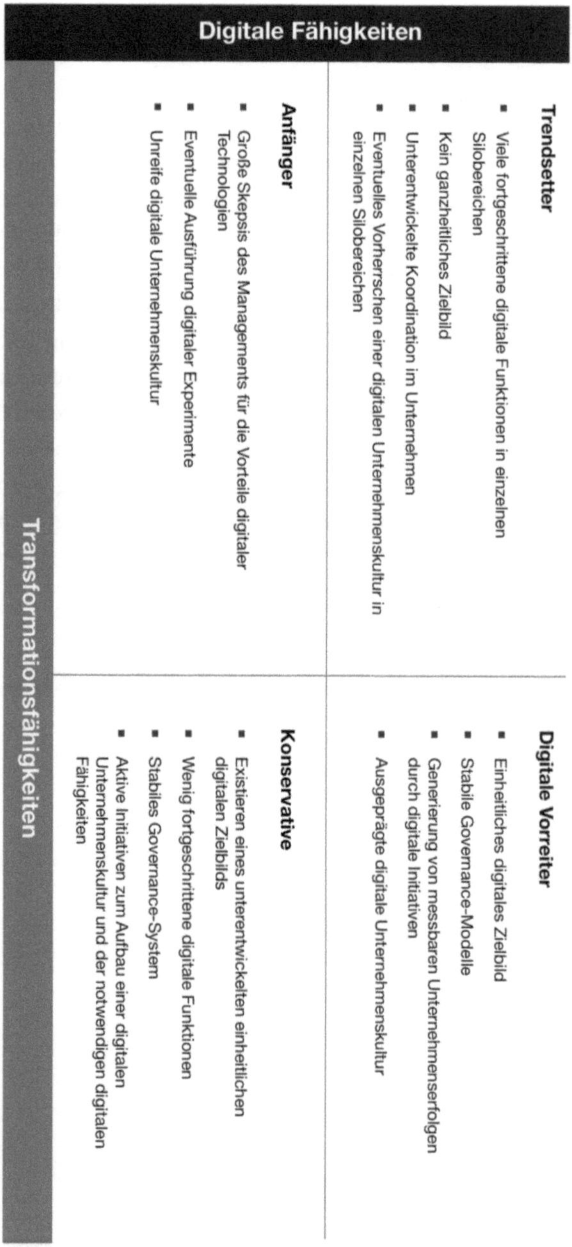

Digitale Fähigkeiten

	Niedrige digitale Fähigkeiten	Hohe digitale Fähigkeiten
Hohe Transformationsfähigkeiten	**Anfänger** - Große Skepsis des Managements für die Vorteile digitaler Technologien - Eventuelle Ausführung digitaler Experimente - Unreife digitale Unternehmenskultur	**Digitale Vorreiter** - Einheitliches digitales Zielbild - Stabile Governance-Modelle - Generierung von messbaren Unternehmenserfolgen durch digitale Initiativen - Ausgeprägte digitale Unternehmenskultur
Niedrige Transformationsfähigkeiten	**Trendsetter** - Viele fortgeschrittene digitale Funktionen in einzelnen Silobereichen - Kein ganzheitliches Zielbild - Unterentwickelte Koordination im Unternehmen - Eventuelles Vorherrschen einer digitalen Unternehmenskultur in einzelnen Silobereichen	**Konservative** - Existieren eines unterentwickelten einheitlichen digitalen Zielbilds - Wenig fortgeschrittene digitale Funktionen - Stabiles Governance-System - Aktive Initiativen zum Aufbau einer digitalen Unternehmenskultur und der notwendigen digitalen Fähigkeiten

Abb. 2: Vier Kategorien digitaler Reife
(Quelle: Bonnet et al. [2011], S. 60)

Ausgehend von dieser Analyse kann die Organisation Strukturansätze und Umsetzungsmodelle der Steuerung nutzen. Die Herausforderung bei der Bestimmung liegt darin, die Komplexität in Hinblick auf den Reifegrad zu reduzieren. Bei Anfängern und Konservativen können Digitalausschüsse und Digitalrollen verwendet werden, bei Trendsettern und digitalen Vorreitern sogar ganze Digitaleinheiten. Letztere zielen klar auf die Umsetzung ab, wobei die Digitalausschüsse und Digitalrollen die Themen anstoßen, antreiben und Entscheidungen treffen.[81] Als Zielbild der Organisation sollte jedoch, gerade im Hinblick auf die VUCA-Einflüsse, eine agile Organisationsstruktur stehen. Während bei den Anfängen die Bündelung der Aktivitäten bei Digital Rollen noch sinnvoll erscheint, so ist später eine Steuerung über eine zentrale Leitung für eine IT, die das ganze Unternehmen durchzieht, nicht möglich.[82]

2.5.2 Herausforderungen der Digitalisierung speziell für Human Resources

Die Arbeitswelt 4.0 kommt mit vielen Herausforderungen. Die Unternehmungen müssen viele Grundideen und Kulturfragen neu beantworten. Durch die kollaborative Arbeit entstehen Netzwerke im Unternehmen, die keine feste Zuweisung in der Aufbauorganisation besitzen. Die hochqualifizierten Mitarbeiter organisieren sich fortan selber, Wissensmanagement weist Loyalitäten zu. Der Grundgedanke heißt hier liquide statt starre Organisation, Peer-to-peer statt Hierarchiedenken.[83] Unternehmen werden zwangsläufig Problemlöser und Könner einstellen müssen, die teamfähig sind.[84] Damit dies gewährleistet ist, muss insbesondere Human Resources schnelle und erfolgreiche Recruitmentprozesse bieten. Nach einer aktuellen Umfrage macht die Kernleistung Recruitment, Entwicklung und Talent Management jedoch nur 35 Prozent der Human Resources Leistungen aus.[85] Gerade hier bietet die Digitalisierung enormes Potential. Digitale Services nutzen nicht nur dem Endkunden. Smarte Prozesse können zum Beispiel Standardabläufe in der Personalarbeit beschleunigen und führen dadurch zu einer Produktivitätssteigerung beim Mitarbeiter und im Bereich Human Resources.[86] Eine weitere Herausforderung ist die Koexistenz zwischen dem Menschen und der Maschine.

---

[81] Vgl. Petry [2016b], S. 54 f.
[82] Vgl. Detecon [2016], S. 28.
[83] Vgl. Petry [2016b], S. 37.
[84] Vgl. Hofert [2016], S. 24.
[85] Vgl. Promerit AG [2016], S. 24.
[86] Vgl. Rieß [2018], S. 53 f.

Maschinen werden für Menschen zukünftig Kollegen und Partner sein. Für die erfolgreiche Nutzung muss beim Menschen die Fähigkeit bestehen, die Ergebnisse und Daten der Maschine sinnvoll zu kombinieren und zu interpretieren, da dieser Arbeitsschritt momentan nicht substituierbar ist.[87] Hier beginnt für viele Unternehmen und deren Mitarbeitern ein Kompetenzdilemma. Oft ist bereits schon das Wissen um eine Technologie vorhanden, jedoch fehlt es an der digitalen Kompetenz, es entsprechend zu nutzen. Für die erfolgreiche Nutzung eines digitalen Arbeitsplatzes muss beim Mitarbeiter innerlich umgedacht werden, da eine neue Art der Herangehensweise an die Arbeit benötigt wird und alte Handlungsweisen dabei hinderlich sind.[88] Ein Praxisbeispiel veranschaulicht dieses Kompetenzdilemma: Wenn ein Mitarbeiter weiß, dass er den Brief an den Kunden digital über das Kundenverwaltungsprogramm versenden kann, warum druckt er diesen dennoch auf Papier aus? Auf Human Resources kommt auch hier eine große Bedeutung zu. Neue digitale Technologien erfordern auch eine neue Art der Weiterbildung für die Mitarbeiter. Der Abstand von der digitalen Arbeitswelt und der Anpassungsfähig von Human Resources nimmt jedoch zu.[89] Human Resources muss sich dabei auf unterschiedliche Gruppen einstellen. Es gibt Mitarbeiter, die die Technologie beherrschen und von sich aus mit digitaler Kompetenz ausgestattet sind. Dahinter folgen Mitarbeiter, die allmählich die Technologien beherrschen und digitale Kompetenzen aus dem privaten Bereich adaptieren sowie die Verweigerer jeglicher Technologien oder digitaler Kompetenzen. Die Wissenschaft geht davon aus, dass diese sogenannten Digital Natives und Digital Immigrants am besten auf Mitmachplattformen effektiv zusammenarbeiten, wobei die Gruppe der Digital Ignorants auf Grund ihrer Größe zu vernachlässigen ist.[90] Aus dem Anlernen von digitalen Kompetenzen lässt sich schließen, dass alte Trainings oder Weiterbildungsmaßnahmen nicht mehr greifen. Stattdessen können Lern- statt Lehrprozesse, in denen der Mitarbeiter im Vordergrund steht, erfolgreicher sein. Als Lösung könnte Human Resources als Dienstleister auftreten und digitale Lernangebote wie webbasiertes Training, Social Business oder Corporate Learning Plattformen anbieten.[91] Für Human Resources bedeutet dies insgesamt, dass man sich selber digital transformieren muss. Zuerst muss die erste Handlungsebene, bestehend aus den Human

---

[87] Vgl. Petry [2016b], S. 37.
[88] Vgl. Trude [2016], S. 231 ff.
[89] Vgl. Trude [2016], S. 238.
[90] Vgl. Petry [2016b], S. 30.
[91] Vgl. Trude [2016], S. 240.

Resources Prozessen sowie Leistungen, digitalisiert und weitestgehend automatisiert werden. Danach folgt die zweite Handlungsebene, wo digitale Kompetenzen bereitgestellt werden und eine digitale Kultur im Unternehmen eingeführt wird.[92] Letzteres Handlungsfeld wird auch als Human Digitalisation bezeichnet und beinhaltet auch eine Veränderung des Führungsverständnisses[93], auf das später intensiv in der Thesis eingegangen wird.

---

[92] Vgl. Promerit AG [2016], S. 3.
[93] Vgl. ebd.

3 Agilität im Unternehmen

In vielen Schlagwörtern, die aktuell von Unternehmensberatungen in die weite Welt geworfen werden, fällt eins ganz besonders auf: Agilität. Vorstände erhalten Zielvereinbarungen auf Agilität, Human Resources muss alte Hierarchiesysteme umgestalten und Führungskräfte sind nun gleichzeitig auch Coaches. Dabei war das Thema Resilienz in den meisten Unternehmen noch nicht einmal abgeschlossen. Gleichzeitig tauchen Begriffe wie Block Chain auf, das mittlere Management arbeitet jedoch noch am Lean Management. Die Wissenschaft forscht weiterhin nach Methoden für das beste Change Management. Und nun kommt die Agilität. Was genau beschreibt die Agilität und was ist damit eigentlich gemeint? Das folgende Kapitel soll Klarheit schaffen, was bereits in den 70er Jahren von diversen führenden Unternehmensberatern gefordert worden ist[94].

3.1 Was bedeutet Agilität?

Agilität und das dahinter stehende Konzept existiert seit 1950 in der Systemtheorie von Organisationen.[95] Im Wirtschaftskontext ist es somit ein feststehender Begriff, der den höchsten Zustand der Anpassungsfähigkeit eines Unternehmens unter Zuhilfenahme des AGIL-Schemas nach Parsons definiert.[96] Das AGIL-Schema nach Parsons zeigt vier Fähigkeiten auf, die eine soziale Einheit besitzen muss, damit sie fortlaufend überlebt. So muss sich die soziale Einheit auf Änderungen der Umwelt einstellen (Adaptation), neue Ziele erkennen (Goal Attainment), Verbundenheit zum System beibehalten (Integration) und eigene Kernstrukturen aufrechterhalten (Latency).[97] Agilität ist somit der Wunschzustand eines Unternehmens, welches agile Methoden verwendet. Agile Unternehmen können auf Umwelteinflüsse, wie zum Beispiel veränderte Marktbedingungen, schneller als die Wettbewerber reagieren.[98] Diese schnellen Reaktionen auf geänderte Umstände sind dringend notwendig. Neue Produkte, Dienstleistungen sowie komplett neu definierte Spielregeln können gerade für etablierte Unternehmen in Zukunft bedrohlich werden.[99] Ab ca. 1990 kam eine zweite Welle der Agilität auf (Agile Manufacturing), angelehnt

---

[94] Vgl. Hofert [2016], S. 6.
[95] Vgl. Fischer [2016b], o. S.
[96] Vgl. ebd.
[97] Vgl. BlueRocks [2011], o. S.
[98] Vgl. Hofert [2016], S. 2.
[99] Vgl. Promerit AG [2016], S. 2.

an die schlanken Konzepte der japanischen Autoproduktion, die für die amerikanische Wirtschaft bedrohlich wurde.[100] Seit Beginn der 2000er taucht die Agilität in der Softwareentwicklung auf. 2001 haben 17 Softwareentwickler ein Manifest verfasst, welches weltweit eine Handlungsorientierung für die agile Softwareentwicklung darstellt und dabei Menschen, Produkte, Kunden und Anpassungsfähigkeit in den Vordergrund stellt.[101] Kurze Zeit später wurde erkannt, dass Unternehmen sich auf Grund der wechselnden Umweltbedingungen aus systemtheoretischer Sicht von innen heraus verändern müssen und das Agilität dabei unterstützt.[102] Bei kritischer Hinterfragung könnten die vorher genannten Punkte der Agilität durchaus auch als Flexibilität bezeichnet werden. Dieser Vergleich stimmt jedoch nicht eins zu eins, da Agilität zwar Flexibilität beinhaltet, jedoch weit darüber hinaus ansetzt. Agilität bedeutet eine bedeutsame Veränderung der Arbeitsabläufe, der Führung sowie der gesamten Managementstrategie.[103] Zusätzlich existiert ein noch wesentlicheres Merkmal, welches hilft, die Abgrenzung genauer zu beschreiben. Flexibilität bezeichnet eine grundsätzlich reaktive Handlung auf ein bereits geschehenes Ereignis. Agilität beinhaltet hingegen eine proaktive, antizipative und initiative Handlung auf bevorstehende Ereignisse.[104] Hierbei gilt es zu beachten, dass die Agilität nicht den Abbau von festen Strukturen und Rangordnungen als Ziel hat, sondern dabei helfen soll, Rollen und Leistungen zu verteilen, ähnlich wie die lebendige Zusammensetzung und Steuerung eines Orchesters.[105] Das Bespiel des Orchesters ist sehr gut geeignet, um Bildhaft den Wandel der Struktur bzw. der Führung in Organisationen zu verdeutlichen. Klassische Struktur- und Führungssysteme geben direkte Vorgaben, Prozesse, Arbeitsweisen und Ziele hervor, wobei in der Agilität die Führungskräfte Systeme entwickeln, wo nur die Rahmenbedingungen klar definiert sind, welche den Mitarbeitern eine hohe Selbstbestimmung zukommen lässt.[106] Agilität ist somit auch ein soziales Netzwerk, da eine agile Handlungsweise Selbstverantwortung, Interaktion und Kommunikation der Individuen erfordert, um Probleme und Hindernisse aus der Welt zu schaffen.[107] Für diesen

---

[100] Vgl. Fischer [2016a], S. 25.
[101] Vgl. Beck et al. [2001], o. S.
[102] Vgl. Hofert [2016], S. 8.
[103] Vgl. Schwarzbach [2017], S. 3.
[104] Vgl. Fischer [2016b], o. S.
[105] Vgl. Hofert [2016], S. 4.
[106] Vgl. Kaiser/Kozica [2015], S 318.
[107] Vgl. Hofert [2016], S. 9.

Austausch ist ein Moderator, in der Regel die Führungskraft, zuständig.[108] Als letzter und wichtiger Kernpunkt der Agilität ist die Ausrichtung zum Kunden zu nennen. Ein agiles Unternehmen ist eine lernende Organisation, da es von Menschen lebt, die Leistungen für Menschen bereitstellen, die in einer stets veränderten Umwelt leben.[109] Hier ist es wichtig, dass das Umfeld für die Mitarbeiter stimmt. Entscheidend ist das Arbeiten in Teams, sogenannten agilen Teams. Diese unterscheiden sich funktional deutlich von klassischen Teams. In der Wissenschaft werden fünf Unterscheidungsmerkmale genannt. Entscheidungen fallen im Team, es gibt wenige aber dafür klare disziplinarische Vorgaben, die Arbeit wird sichtbar gemacht, es wird immer iterativ vorgegangen und Retrospektiven sowie tägliche Stand-Ups ersetzen die alten Teamgespräche.[110] Für den Erfolg brauchen agile Teams ein agiles Unternehmen, welches in agilen Frameworks organisiert ist.[111] Frameworks sind klassisch als Rahmenbedingungen anzusehen. Durch Nutzung neuer agiler Rahmenbedingungen verändert sich eine Organisation erheblich.[112] Eine Veränderung zur agilen Organisation bietet nicht nur die Möglichkeit, besser auf neue Ereignisse oder Trendwenden reagieren zu können. Agilität verbessert durch seine Arbeitsweisen die Stimmung im Unternehmen und macht dieses nachgewiesen leistungsfähiger.[113]

Für das weitere Verständnis der Agilität und agiler Methoden ist es wichtig zu wissen, was mit Iteration gemeint ist. Dieses Prinzip ist bei agilen Methoden ein immer wiederkehrendes Kernelement und darf nicht vergessen werden. Iteration taucht in der agilen Welt immer als eine Vorgehensweise auf. Iterativ meint im klassischen Wortverständnis wiederholend.[114] In der Informatik bedeutet eine iterative Vorgehensweise sich kompakt wiederholend an eine exakte Lösung heranzurechnen. In agilen Methoden wurde dieses Prinzip analog übernommen, so dass man auf schnelle Teilschritte mit Ergebnissen setzt, die sofort per Feedback bewertet und dann sofort wieder im Sinne des Endkunden verbessert werden.[115] So ist die Wiederholung ein fester Bestandteil in agilen Methoden, wie zum Beispiel dem Design

---

[108] Vgl. ebd.
[109] Vgl. Scheller [2017], S. 3 ff.
[110] Vgl. Nowotny [2018], S. 64.
[111] Vgl. Nowotny [2018], S. 33.
[112] Vgl. ebd.
[113] Vgl. Nowotny [2018], S. 34 f.
[114] Vgl. Duden [o. J.], o. S.
[115] Vgl. Nowotny [2018], S. 67 f.

Thinking, welches später gesondert beachtet wird. Das eigentliche Produkt bzw. das Ergebnis des Prozesses wird jedoch so effizient und so effektiv wie möglich hergestellt. Dies wird möglich, da durch die agile Planung die Bürokratie heruntergefahren und durch maximale Transparenz die Kommunikation verbessert wird. Die Umsetzung beginnt so früh wie möglich, auf kommende Veränderungen und neue Anforderungen kann besser reagiert werden.[116] Die klassische Steuerung von Prozessen, die der Projektsteuerung entstammen, kommen hier in der aktuellen Zeit an Ihre Grenzen. Als aktuelle Beispiele können Projekte der öffentlichen Hand angeführt werden, wie zum Beispiel der Flughafen *Berlin Brandenburg International* oder die Hamburger Elbphilharmonie.[117] Diese Projekte werden gemäß öffentlicher Vorgaben und Gesetzen stur nach Planung abgearbeitet, obwohl sich die Rahmenbedingungen stetig geändert haben. Der Umsetzungserfolg ist bekannt gering ausgefallen.

3.2 Best Practices – erfolgreicher Einsatz von Agilität in Unternehmen

Mittlerweile trifft man den Einsatz von Agilität und agiler Personalführung nicht nur in jungen Startup-Unternehmen an. So hat der IT-Riese *Alphabet*, unter dessen Holding die Internetriesen *Google* oder auch *YouTube* betrieben werden, agile Methoden fest in der Unternehmenskultur als Work Rules verankert. Die Work Rules, bestehend aus zehn Regeln, sollen eine vertrauensbasierte Zusammenarbeit, eine klare Mission, hohe Transparenz und die Führungskultur beschreiben. Letztere bestimmt, dass Führungskräfte so wenig wie möglich managen sollen und die Mitarbeiter und Teams eine sehr hohe Entscheidungskompetenz besitzen. Dabei wird die Agilität nicht als Weichmacher benutzt, sondern gemäß der fünften Regel müssen zum Beispiel für schlechte Mitarbeiter schnellstmögliche Alternativen gefunden werden.[118] Als Beispiel für das agile Zusammenarbeiten von Unternehmung und Kunde unter Verwendung einer Fehler- und Lernkultur kann die *Deutsche Telekom AG* benannt werden. Die *Deutsche Telekom AG* nutzt zusammen mit ihrer Tochter *T-Systems* die Crowd, also die eigenen Kunden, um Innovationen zu generieren und auch die kollektive Intelligenz. Prognosen beim Pricing werden somit stetig überprüft und angepasst. So konnte ein komplett neuer Markt, Web Services in deutschen Fußballstadien, mit einem siebenstelligen Zusatzbeitrag pro Stadion

---

[116] Vgl. Scheller [2017], S. 52.
[117] Vgl. Hofert [2016], S. 7.
[118] Vgl. Nowotny [2018], S. 41 f.

erschlossen werden.[119] Hinsichtlich der agilen Personalführung und der Organisation ist *Spotify AB* ein Best Practice. Das Unternehmen hat seine Teams ins Tribes, Squads und Gilden eingeteilt, um nicht nur eine agile Struktur zu besitzen, sondern auch um jedem Mitarbeiter eine besondere und individuelle Identifikation zu verleihen.[120] Über die gesamte Welt sind so über 1000 technische Entwickler organisiert. Sechs bis zwanzig Mitarbeiter ohne eine direkte Führungskraft bilden ein Squad. Mehrere Squads sind in Tribes zusammengefasst, die zusammen nicht über 150 Mitarbeiter fassen. Die erste direkte Führungskraft verantwortet einen Tribe. Unterstützt wird dieser von einem agilen Coach. Die Product Owner sind direkt im Squad ansässig. Die Squads leisten durch hohe Entscheidungsfreiheit und Teamgeist auch ohne direkte Führungskraft außerordentliche Ergebnisse.[121] Die Gilden dienen Mitarbeiter gleicher Interessen zum stetigen Austausch. Die Organisationsstruktur gleicht stark der agilen Methode nach Scrum und wurde passend zur Mission entsprechend weiterentwickelt.[122] Agile Methoden und insbesondere das Netzwerken kann auch bei der Mitarbeiterentwicklung eingesetzt werden. So hat die *Robert-Bosch GmbH* das Problem erkannt, dass die Veränderung zur digitalen Arbeitswelt und das Verständnis sowie die Anpassungsfähigkeit von Human Resources schneller auseinander geht, als dass Human Resources einen wichtigen Beitrag zur Unterstützung der Mitarbeiter leisten kann. Unter dem Oberbegriff des Social Learning soll der Wissenstransfer von Mitarbeiter zu Mitarbeiter gewährleistet sein. Mitarbeiter teilen und erlernen mit Hilfe virtueller Teams und Netzwerke wichtige Kompetenzen, um mit der digitalen Transformation standhalten zu können. Gelenkt werden diese Netzwerke von eigenen Community Managern, die nicht aus der Personalentwicklung stammen, sondern direkte Fachexpertise zum jeweiligen Themengebiet besitzen. Das Social Learning wird dabei zur agilen individuellen Lernzielerreichung verwendet und soll das Potential der Selbstorganisation im Unternehmen heben.[123]

---

[119] Vgl. Grabmeier [2016], S. 330 ff.
[120] Vgl. Hofert [2016], S. 222.
[121] Vgl. Nowotny [2018], S. 51 f.
[122] Vgl. Scrum Akademie [o. J.], o. S.
[123] Vgl. Trude [2016], S. 231 ff.

3.3 Agilität als Werkzeugkasten: ausgewählte Instrumente

Ein agiles Prinzip besteht aus Frameworks. Diese sind Rahmenbeschreibungen für Aufgaben mit Regelwerken, denen agile Werte zu Grunde liegen. Die Prozesse unterscheiden sich deutlich von den alten Methoden, da die langfristige Ablaufplanung und Budgetierung entfallen. Um diese Frameworks zu erstellen, werden agile Methoden bzw. Instrumente verwendet. Frameworks ist somit eine Art Gegenbewegung zum klassischen Projektmanagement.[124] Die folgenden Instrumente und Methoden sollen Beispiele agiler Frameworks darstellen. Zusätzlich wird das VOPA-Plus Modell erläutert. Dieses stellt ein Hilfsmittel für Führungskräfte da, um ein notwendiges Vertrauensverhältnis zum Mitarbeiter aufbauen zu können.

3.3.1 Design Thinking

Neue Ideen, Lösungen zu Problemen oder gar komplette Produkte zu entwickeln, gehört zu den schwierigsten Aufgaben innerhalb eines Unternehmens. Im Zeitalter der komplexen und schnell verändernden Umwelt müssen Entwicklungen schnell vorangetrieben werden oder erste Ergebnisse schnell präsentiert werden. Viele größere und auch kleinere Unternehmen bedienen sich mittlerweile am Tool Design Thinking, um Kundennähe zu generieren und den Entwicklungsprozess hinsichtlich einer agilen Unternehmung zu beschleunigen.[125] Design Thinking ist mit die bekannteste aller agilen Methoden. Als Instrument werden die agilen Werte in der Umsetzung vereint, um als Ziel die denkbar minimalste Lösung zu erreichen.[126] Die Kernwerte der Agilität entstehen dabei aus der Vernetzung durch Teamarbeit, Offenheit durch den regen Austausch und durch den Einbezug aller Beteiligten. Das Instrument ist somit hervorragend geeignet, den Grundgedanken des agilen Handelns in das Unternehmen zu bringen.[127] Als Konzept ist das Design Thinking somit stark an die agile Planungsweise angelehnt. Der Ablauf, die zeitliche Reihenfolge und die Beteiligten sind dabei klar festgelegt, nur das eigentliche Ergebnis wird offen gelassen.[128] Damit Design Thinking funktionieren kann, hat die Wissenschaft drei klare Vorgaben ermittelt. Es bedarf eines multidisziplinären Teams, damit alle Perspektiven, wie beispielsweise Marketing, Fachbereich oder auch Kunden-

---

[124] Vgl. Hofert [2016], S. 11 ff.
[125] Vgl. Nowotny [2018], S. 161.
[126] Vgl. Hofert [2016], S. 183.
[127] Vgl. Petry [2016b], S. 70.
[128] Vgl. Nowotny [2018], S. 162.

service, gehört werden können. Dieses multidisziplinäre Team arbeitet in einem multifunktionalen Raum, welcher schnell hinsichtlich der Ideen umgebaut werden kann und wichtige Utensilien wie Whiteboards, Flipcharts und Moderatorenkoffer bereithält. Der eigentliche Design Thinking Prozess wird dann multifokal durch Moderatoren geleitet. Multifokal heißt hier, dass nach jedem Prozessschritt ein neuer Fokus für die Teilnehmer genannt wird und gleichzeitig die Motivation durch die Moderatoren gestärkt wird. Diese Vorgaben kennt man unter dem Begriff m3-Ansatz.[129] Durch die starke Einbindung von Mitarbeitern und sogar Kunden soll ein ausführlicher Austausch erfolgen, der alle Perspektiven beleuchtet und eine große Vielfalt an Ideen bietet.[130] Der Prozess selber besteht dabei aus sechs Schritten. Phase eins beinhaltet das Verstehen, Phase zwei beobachtet die Hintergrundinformationen, in Phase drei werden die gesammelten Informationen verdichtet und als Gesamtbild dargestellt. Phase vier beinhaltet die eigentliche Ideenfindung, Phase fünf transformiert dann die Ideen zu Lösungen oder Prototypen.[131] In der letzten Phase werden die Ergebnisse gemäß eines iterativen Prozesses schnellstmöglich auf Anwendbarkeit oder Umsetzbarkeit getestet. Ist aus der Entscheidungsperspektive keine Tauglichkeit festzustellen, so beginnt der Prozess wieder von vorne.[132] Design Thinking ist universell und schnell einsetzbar. Die sechs Schritte lassen sich bei Bedarf, zum Beispiel wenn die Fragestellung nicht produktbezogen ist, vereinfachen oder kürzen.[133] Somit können auch Fragestellungen behandelt werden, die interne Prozesse überarbeiten oder Services verbessern.[134]

3.3.2 Kapselungen und Piloten

Kapselung und Piloten sind als sehr einfache Instrumente zu verstehen. Die Idee dahinter ist simpel und früher als Pilotprojekt bekannt. Ein Pilotprojekt erprobt ein Vorhaben auf Erfolg und wird bei positiven Ergebnissen auf gesamte Ebenen übertragen.[135] Im agilen Kontext muss man Kapselungen und Piloten jedoch etwas differenzierter und fernab klassischer Projektarbeiten betrachten. Es geht bei den Instrumenten um das Ausprobieren von agilen Arbeitsweisen unter realen Bedin-

---

[129] Vgl. Nowotny [2018], S. 163 ff.
[130] Vgl. Hofert [2016], S. 183.
[131] Vgl. Petry [2016b], S. 70 f.
[132] Vgl. Nowotny [2018], S. 169.
[133] Vgl. Hofert [2016], S. 184.
[134] Vgl. Nowotny [2018], S. 161.
[135] Vgl. Onpulson [o. J.], o. S.

gungen. Ein Pilot eignet sich für Projekte, um zum Beispiel neue Kollaborationssoftware auszuprobieren. Eine Kapselung jedoch umfasst das Ausschneiden einer Abteilung aus dem herkömmlichen Workflow und lässt diese dezentralisiert arbeiten.[136] Die Kapselung eignet sich hervorragend für Unternehmen, um erste Erfahrungen im Arbeiten mit agilen Teams zu sammeln.[137] Piloten sind ein gutes Mittel, um den Erfolg von agilen Arbeitsmethoden zu zeigen. Die Impulse von erfolgreichen Piloten können Zweifler besänftigen und ebnen den Weg für ein zielorientiertes Change Management.[138]

3.3.3 Relative Ziele statt feste Ziele

Diese agile Methode setzt das klassische Management by Objectives außer Kraft. So war dieses Instrument lange Zeit das Mittel der Wahl von Führungskräften, um Mitarbeiter zu steuern. Das bloße Herunterbrechen von Zielen ist jedoch nicht mehr aktuell. Für die moderne Steuerung braucht es einen humanorientierten Ansatz, also ein Paradigmenwechsel von der bloßen Nutzung eines Instruments hin zu einer bewussten Haltung.[139] Dies ist wieder durch die VUCA-Umgebung bedingt. Feste Ziele sind meistens mittel- bis langfristig geplant und sind angesichts der Komplexität oft unrealistisch. Dadurch entsteht ein zu großes Delta zwischen Zielsetzung und Zielüberprüfung, so dass Mitarbeiter Gefahr laufen, die gesetzten Ziele nicht mehr konkret zu verfolgen.[140] Zielüberprüfungen selber erfolgen zu dem meist in einem jährlichen Mitarbeitergespräch, welches in der Regel nach dem Zieltermin liegt. Dies passiert gegen das neue Denken, da ein schnelles und persönliches Feedback durch die Mitarbeiter gewünscht wird.[141] Relative Ziele unterscheiden sich deutlich von festen Zielen. Sie betreffen immer ein Team, sie sind nicht fest, sondern variabel und sie suchen sich Vergleichsgrößen anstatt feste Indikatoren. Eine relative Zielsetzung ermöglicht moderne und agile Führung und spricht damit die Teamarbeit an.[142] In Hinblick auf sich selbst organisierende Teams, die in der agilen Unternehmung arbeiten, können sich feste Ziele sogar negativ auswirken. Sie warten nicht auf Anweisungen der Führungskraft. Durch Zuweisung kann

---

[136] Vgl. Hofert [2016], S. 193.
[137] Vgl. ebd.
[138] Vgl. Nowotny [2018], S. 377.
[139] Vgl. Kobi [2016], S. 112.
[140] Vgl. Hofert [2016], S. 208.
[141] Vgl. Kobi [2016], S. 112.
[142] Vgl. Hofert [2016], S. 208.

die intrinsische Motivation zerstört und das Commitment gefährdet werden.[143] Agile Teams legen sich ihre eigenen Vergleichsgrößen für die Leistung fest, und optimieren diese selbstständig. Dabei kommen Teamziele wie eine Verbesserung zur Vormonatsleistung oder zu einem anderen Team in Betracht.[144]

3.3.4 Retrospektiven

In Unternehmen werden viele Mitarbeiter- oder Teamgespräche geführt. Oft werden diese benutzt, um bereits bekannte Informationen zu verdeutlichen und den aktuellen Stand wiederzugeben. In agilen Arbeitswelten sind Teamgespräche auch als neue Methode, der Retrospektive, verankert. Oft werden daher Retrospektiven im Kontext mit Scrum genannt.[145] Teamgespräche sind oft unstrukturiert und finden gewöhnlich ein- bis zweimal im Monat statt. Retrospektiven hingegen sind klar strukturiert und fokussiert auf die Reflexionen von Prozessen.[146] Das grundlegende Ziel einer Retrospektive ist es, durch moderierten Austausch Wissen zu schöpfen und den Arbeitsprozess fortlaufend zu verbessern. Hier wird in gewisser Weise das Konzept des kontinuierlichen Verbesserungsprozesses aufgenommen. Darüber hinaus sichern Retrospektiven eine intensive Kommunikation innerhalb des Teams und können somit für die Teamentwicklung und Stabilisierung genutzt werden.[147] Auf Grund der hohen Fokussierung auf eine bestimmte Thematik bedarf es einer sicheren Moderation. Hier ist die Teamleitung besonders gefragt. Die Rolle, das Führungsverständnis und auch die Haltung zum eigentlichen Thema muss der Führungskraft klar sein.[148] Zur Moderation gehört es auch, Ergebnisse während der Retrospektiven zu sichern. Neben einem geeigneten Raum sind somit auch wieder ähnliche Utensilien wie beim Design Thinking von Vorteil. Durch die Visualisierung und das Einbeziehen der Statements der Teilnehmer kann eine Retrospektive eine enorm motivierende Wirkung haben.[149] Eine weitere Voraussetzung für erfolgreiche Retrospektiven ist die Methodenkompetenz der Führungskraft. Da das Instrument ebenfalls sehr variabel und kreativ gestaltet werden kann, empfiehlt es sich, mit kleineren Formaten zu starten und nach und nach neue Methoden

---

[143] Vgl. Nowotny [2018], S. 311.
[144] Vgl. Hofert [2016], S. 209.
[145] Vgl. Nowotny [2018], S. 221 f.
[146] Vgl. Hofert [2016], S. 213.
[147] Vgl. Nowotny [2018], S. 225.
[148] Vgl. Hofert [2016], S. 213.
[149] Vgl. Hofert [2016], S. 214.

auszuprobieren.[150] Die Methodenvielfalt ist dann auch entscheidend für den Motivationsfaktor der Teilnehmer. Unterschiedliche Arten bieten Abwechslung und unterstützen das Team im Reifeprozess.[151]

3.3.5 VOPA-Plus Modell

Die VUCA-Welt setzt den Führungskräften in der täglichen Arbeit zu. Die Digitalisierung und die damit verbundenen Wandlungen in der Arbeitswelt erschweren zusätzlich die Führung. Das VOPA-Plus Modell nach W. Buhse kann Führungskräften aktiv helfen, von der hierarchischen Führung hin zu einer Vertrauenskultur zu kommen. Dabei werden die wichtigsten Charakteristika digitaler Technologien, digitaler Transformation und einer passenden Unternehmenskultur dargestellt.[152] Durch Vernetzung, Agilität, Offenheit und Partizipation werden erneut die Prinzipien der agilen Arbeitsweisen hervorgehoben. Als Grundlage dafür steht im Zentrum das Fundament: Vertrauen. Führungskräfte müssen lernen, ihren Mitarbeitern zu vertrauen und Vernetzung neben der eigentlichen Hierarchie als Herausforderung anzunehmen.[153] Es soll zudem animieren, Menschen zu vernetzen, um Wissen zu erzeugen und Erfahrungen zu teilen, um auf die Komplexität der VUCA-Welt reagieren zu können. Das Denken nach dem VOPA-Plus Modell ist zudem eine Mindestanforderung, um eine digitale Transformation und eine Veränderung der etablierten Unternehmenskultur zu meistern.[154] Die genauere Betrachtung der Faktoren legt dabei konkrete Handlungsempfehlungen dar. Die Vernetzung soll die Kommunikation über bestehende und auch aktuelle Kanäle ansprechen. Dabei können virtuelle Communities genutzt werden, wo möglichst viele Stakeholder aktiv ihr Wissen teilen.[155] Durch Offenheit wird eine direkte Kommunikation und somit eine größere und breitere Masse an Informationen zur Verfügung gestellt, welche wiederum zu höherer Partizipation führt. Fehlt es an Offenheit, so geht auch die Partizipation zurück.[156]

---

[150] Vgl. Nowotny [2018], S. 241.
[151] Vgl. Hofert [2016], S. 213.
[152] Vgl. Petry [2016b], S. 43.
[153] Vgl. Bialas [2016], o. S.
[154] Vgl. Petry/Schreckenbach [2016], S. 279.
[155] Vgl. Bialas [2016], o. S.
[156] Vgl. Petry [2016b], S. 43.

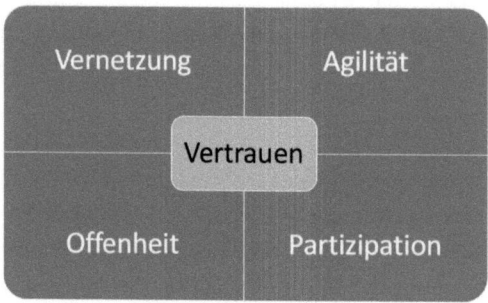

Abb. 3: VOPA+ Modell
(Quelle: Eigene Darstellung in Anlehnung nach Petry [2016b], S. 44)

Die Partizipation sichert, dass Mitarbeiter klare Aufgaben, Verantwortungen und Kompetenzrahmen besitzen, ohne dass eine vermeintliche Scheinpartizipation vorliegt.[157] Die Agilität soll den Mut fördern, sich anzupassen und eigene Lösungswege aus gemachten Erfahrungen zu entwickeln. Damit wird die Bereitschaft gesichert, Neues zu wagen.[158] Dass das VOPA+ als Modell funktioniert, beweisen hierbei die sozialen Netzwerke wie *Facebook*, *Xing* oder *Twitter*. Durch das Leben der Prinzipien entsteht eine sehr große Agilität, die Interaktion ist von sehr kurzen Reaktionszeiten geprägt und die Teilnehmer erschaffen immer wieder neue Dinge.[159]

---

[157] Vgl. Bialas [2016], o. S.
[158] Vgl. Willi [2017], o. S.
[159] Vgl. Petry [2016b], S. 44.

4 Moderne Führung

Kaum ein Thema in den Wirtschaftswissenschaften wurde mehr untersucht und neuausgerichtet, wie das Thema Führung. Führungskräfte steuern über eben diese Führung ihre unterstellten Mitarbeiter im Sinne des Unternehmens. Die Wissenschaft definiert dabei die Führung als bewusste Ausrichtung von Handlungen auf Individuen und Gruppen, die ein vorgegebenes Ziel erreichen sollen. Dies erfolgt unter der Berücksichtigung von hierarchischen Ebenen und der Sicherung des Gruppenzusammenhalts im Rahmen einer Organisation.[160] Die Geschichte der Führung ist dabei so alt wie die Menschheit. Um die modernen Anforderungen an die agile Personalführung verstehen zu können, wird im folgenden Kapitel auf die Geschichte der Führung eingegangen und aktuelle Führungsmethoden und Prinzipien erläutert. Darauf folgend werden die Herausforderung der kommenden Jahre beleuchtet sowie zwei Ansätze vorgestellt.

4.1 Führung im Wandel

Der Begriff Führung und die damit verbundene Rolle als Führungskraft hat eine weitreichende Vergangenheit. Bereits vor 3000 Jahren existierten konkrete Vorstellungen und Fähigkeiten, die unter anderem das Bild der Führungskraft in der Antike ausmachten. Beispiele dafür sind Helden der griechischen Mythologie.[161] Die Wissenschaft hat hier die Eigenschaften und die Grundlagen ausführlich beleuchtet. Interessant ist hierbei, dass bereits Elemente der VUCA-Welt vorhanden waren. Am Beispiel des Helden Odysseus kann ein Muster der erfolgreichen Führung gedeutet werden. Odysseus verfolgte jahrelang eine Vision, die Rückkehr zu seiner Ehefrau Penelope, unter ständigen Gefahren und Unsicherheiten. Dabei war er Teamplayer und Führungskraft in einer Person und entwickelte immer wieder neue Ansätze zur Lösung von Problemen.[162] Die Situation der Führung Anfang des 20. Jahrhunderts stellt dabei eher einen erheblichen Rückschritt dar. Durch die industrielle Revolution arbeiteten Menschen in Fabriken, in klar abgegrenzten Bereichen ohne großartige Verantwortung. Die Führung war dabei wenig humanorientiert, Teamarbeit war nicht notwendig. Das Mitarbeiter mehr als nur Arbeit für Lohn verrichten können, wurde dabei komplett vernachlässigt.[163] In der Nach-

---

[160] Vgl. Maier [o. J.], o. S.
[161] Vgl. Peters [2015], S. 2 f.
[162] Vgl. Peters [2015], S. 3.
[163] Vgl. Hofert [2016], S. 41.

kriegszeit fand weiterhin eine autoritäre Führung statt. Führung in den 50er und 60er Jahren beschränkte sich dabei alleine auf Expertenmacht. Die Führungskraft hat deswegen alle Entscheidungen alleine beschlossen, sie verteilte grundlegend die Aufgaben an die Mitarbeiter, gab Anweisungen und kontrollierte zum Schluss nur die Ergebnisse.[164] Diese autoritäre oder auch patriarchalische Führung hat dabei Ergebnisse, die bereits in den 30er und 40er Jahren durch die Sozialpsychologie erreicht wurden, komplett außer Acht gelassen. Lewin bewies damals schon, dass es unterschiedliche Führungsstile geben solle, die auf den Modellen von Max Weber beruhten. Führung sei dabei komplex, je nach Situation und Bedingung muss vom autoritären zum kooperativen oder zum laissez-fairen Führungsstil gewechselt werden.[165] Der autoritäre Führungsstil ist sinnvoll, wenn schnelle Entscheidungen getroffen werden müssen, wobei der kooperative Führungsstil eher die Motivation zur Selbstorganisation unterstützt und der laissez-faire Stil entsprechenden Freiraum für die Mitarbeiter gewährt. Führungskräfte mussten dabei einen Paradigmenwechsel hinnehmen. Es gibt nicht die eine Art der Führung, sondern mehrere, die sich im Alltag auch nicht in drei konkrete Führungsverhalten unterteilen lassen.[166] Die Entwicklung neuartiger Führungsmethoden und die feste Verankerung dieser Prinzipien fanden jedoch erst viel später satt. Erkenntlich wurde dies an Entwicklungen der 70er bis 90er Jahre. Führungskräfte verteilten statt Aufgaben Ziele, aktuelle Entwicklungen wurden erst mit Mitarbeitern besprochen und Entscheidungen erst danach gefällt. Die Führungskräfte nahmen dabei mehr Rollen ein. Als erfolgreiche Beispiele können hier Steve Jobs bei *Apple* und Wendelin Wiedeking bei *Porsche* genannt werden, die dadurch die Unternehmen deutlich gewandelt und vor dem Untergang bewahrt haben.[167] Charisma von Führungskräften spielte dabei ein enorm wichtiges Thema. Charisma bei Führungskräften zeigt sich dadurch, dass den Mitarbeitern Aufmerksamkeit, Respekt und Einfühlungsvermögen entgegenkommt.[168] Damit kamen erstmalig beziehungsorientierte Ansätze in Betracht. Ein positives Arbeitsklima wirkt sich positiv auf die Motivation, Kreativität und Gesundheit aus, so dass Wertschätzung vor Wertschöpfung steht.[169] Zum Ende des 20. Jahrhunderts kam also ein weiterer Paradigmen-

---

[164] Vgl. Peters [2015], S. 4.
[165] Vgl. Hofert [2016], S. 43.
[166] Vgl. Hofert [2016], S. 44.
[167] Vgl. Peters [2015], S. 5.
[168] Vgl. Kobi [2016], S. 99.
[169] Vgl. Kobi [2016], S. 99 f.

wechsel für Führungskräfte. Neben Können und Wollen muss nun zusätzlich das Individuelle beachtet werden. Nur so können Führungskräfte die Vorbedingungen für das Wollen schaffen.[170]

4.2 Überblick über aktuelle Führungsmethoden und Prinzipien

Mit dem Wechsel des Jahrtausends ging auch ein Wechsel der Begrifflichkeiten einher. Leadership ist die neue Begrifflichkeit für Führung. Im Fokus steht nun, dass die Mitarbeiter herausragende Leistungen erbringen sollen. Führungskräfte, die bis dato oft als Manager betitelt wurden, sind nun auch Leader. Hierbei gilt es zu unterscheiden, dass es zwischen diesen Begrifflichkeiten deutliche Unterschiede gibt. Manager führen innerhalb eines Systems analytisch und sachlich distanziert, Leader hingegen sind nah am Mitarbeiter, kommunizieren viel und bauen auf die Sinnstiftung.[171] In der aktuellen Arbeitswelt werden jedoch beide Arten von Führungskräften gebraucht. Der Manager findet dabei die Daseinsberechtigung in der Notwendigkeit, dass weiterhin organisiert und administrative Tätigkeiten ausgeübt werden müssen. Er schafft somit Rahmenbedingungen und verwaltet. In der Rolle des Leaders findet die Kommunikation und die Motivierung der Mitarbeiter statt.[172] Von diesen beiden Rollen ausgehend kommen aktuell zwei Führungsmethoden verstärkt in Unternehmen zum Einsatz. Hierbei handelt es sich um die transaktionale und transformationale Führung. Die transaktionale Führung wird dabei eher der Rolle des Managers zugeordnet, die transformationale Führung eher dem Leader. Transaktionale Führung zeichnet sich dadurch aus, dass eine Austauschbeziehung zwischen der Führungskraft und dem Mitarbeiter besteht. Auf Grund von Erwartungen an den Mitarbeiter wird eine bestimmte Gegenleistung, entweder monetärer Art oder auch Lob, versprochen. Wird die Erwartung nicht erfüllt, greift eine Sanktionierung und der Mitarbeiter wird bestraft. In der transaktionalen Führung unterscheidet man zwischen drei Formen, die sich hinsichtlich ihres Kontrollgrades unterscheiden. Bei einem hohen Kontrollgrad spricht man von aktiven Management by Exception. Hier werden Abweichungen sehr aufmerksam verfolgt und schnell Korrekturmaßnahmen eingeleitet. Passives Management by Exception hingegen greift erst bei Problemen ein. Hier steht die Ergebniskontrolle im Vordergrund. Beide Formen sehen jedoch Feedback vor und somit auch

---

[170] Vgl. Hofert [2016], S. 45.
[171] Vgl. Peters [2015], S. 12.
[172] Vgl. Hofert [2016], S. 92.

begleitende Komponenten. Die bedingte Belohnung, die deutliche Überschneidungen mit dem Führen über feste Ziele aufweist, nutzt nur das Mittel der Belohnung oder Sanktion. Der Mitarbeiter wird nur am Erreichen seines Zieles gemessen und darüber gesteuert.[173] Diese Methode wird aktuell in Form von Jahreszielvereinbarungen von vielen Unternehmen als wichtigstes Instrument der Führung angesehen.[174] Die transaktionale Führung beruht somit auf externen Faktoren, die auf die Mitarbeiter einwirken. Die transformationale Führung hingegen basiert auf inneren Vorgängen der Mitarbeiter. Über die Entwicklung von intrinsischen Motiven, Werten, Zielen und Vertrauen animiert die Führungskraft den Mitarbeiter zu Höchstleistungen. Hierbei wird das Charisma von Führungskräften aufgegriffen und in vier spezifische Kernkompetenzen gegliedert. Diese werden auch als die vier I's einer transformationalen Führungskraft betitelt.[175] Eine Führungskraft zeichnet sich als integres Vorbild aus (idealisierter Einfluss), vermittelt die Motivation und stiftet Sinn (inspirierende Motivierung), bricht etablierte Denkmuster auf und vermittelt neue Sichtweisen (intellektuelle Stimulierung) und kommuniziert offen, fair und individuell (individuelle Behandlung).[176] Als Erfolgsgrundlage für die Nutzung gilt dabei die Verbindung der I's mit Charisma. Eine rein charismatische Führungskraft allein macht keine transformationale Führungskraft aus.[177] Eine gute Teamleitung konzentriert sich dabei auf den individuellen Einfluss und auf die individuelle Behandlung. In strategischen Bereichen ist es dafür umso wichtiger, als Vorbild zu agieren und Sinn zu stiften. Im Rahmen der Stärkenorientierung sollte somit nicht alle Eigenschaften in einer Person gefordert werden, wenn es um Führungspotentiale geht.[178] Interessant ist in diesem Kontext anzumerken, dass Tim Cook als Vorstand von *Apple*, welches primär in der Gesellschaft als Vorbild einer modernen Unternehmung angesehen wird, eher Eigenschaften einer transaktionalen Führungskraft vorweist.[179] Aktuell konzentrieren sich moderne Führungskräfte auf den New Leadership Ansatz. Dieser beruht auf der These, dass sich die Führung einerseits an den Willen und Verstand der Mitarbeiter richtet (transaktional) und somit die Basis bildet. Hiermit wird die Führungskraft kraftvoll

---

[173] Vgl. Peters [2015], S. 52 ff.
[174] Vgl. Hofert [2016], S. 45.
[175] Vgl. Peters [2015], S. 55 f.
[176] Vgl. Hofert [2016], S. 46.
[177] Vgl. Peters [2015], S. 57.
[178] Vgl. Hofert [2016], S. 47.
[179] Vgl. Peters [2015], S. 55.

und selbstbewusst, sofern dies auf sachlichen Begründungen beruht. Andererseits werden mit der transformationalen Führung Emotionen der Mitarbeiter angesprochen, so dass eventuelle Barrieren im inneren der Mitarbeiter gelöst werden können.[180] Die transaktionale Führung bildet somit die Grundlage und wird durch Zusatzeffekte aus der transformationalen Führung ergänzt. Im Gesamten potenziert sich aus dem Zusammenspiel beider Methoden eine höhere Leistungsbereitschaft und Effizienz, da die Mitarbeiter extern die Belohnung sehen und ihr eigenes Leistungsniveau erhöhen, da sie motivierter sind, zusätzliche Leistungen zu erbringen.[181]

4.3 Personalführung der Zukunft – zwei Varianten

Die VUCA-Umwelt und die digitalen Technologien stellen große Herausforderungen an die moderne Führung. Führungskräfte stehen dabei in einem immer größeren Spannungsfeld von Veränderungsprozessen. Eine Herausforderung liegt in der Art der Arbeitsgestaltung, welche bereits im Kapitel 2 beschrieben worden ist. Führung erfolgt neuerdings auch auf Distanz, Hierarchieebenen verlieren an Wirkungskraft hinsichtlich der entstehenden Netzwerke. Arbeitszeiten werden immer flexibler, dadurch werden die Mitarbeiter für die Führungskräfte weniger greifbar. Durch die Wandlung der Präsenzkultur zur Ergebniskultur und die Einbettung neuer technologischer Kanäle steigt die Bedeutung von Motivation, die Kontrolle von Ergebnissen rückt dabei immer mehr in den Hintergrund.[182] Diese Veränderungen wirken sich bereits auf den New Leadership Ansatz aus. Es kommt somit vermehrt zu Verschiebungen, so dass transformationale Führung mehr Bedeutung erhält, als die transaktionale. Dabei geht die Orientierung immer mehr zum Menschen hin. Vom Aufgabenmanagement geht es fast zur reinen Mitarbeiterführung.[183] Doch gerade dies ist beim Führen auf Distanz erschwert. Die Verhaltensweisen in den mitarbeiterorientierten Führungsaufgaben müssen an neue Bedingungen angepasst werden. Zu den mitarbeiterorientierten Führungsaufgaben gehört die Mitarbeiterpartizipation, das Schaffen von Vertrauen und die Steigerung des Arbeitsklimas. Dies enthält die Potentialhebung der Mitarbeiter und eine Art

---

[180] Vgl. Jäger/Körner [2016], S. 104 ff.
[181] Vgl. Peters [2015], S. 57 f.
[182] Vgl. Jäger/Körner [2016], S. 106 ff.
[183] Vgl. Jäger/Körner [2016], S. 104.

der Führung, die auch zusätzlich gesundheitsfördernd ist.[184] Eine weitere und wichtige Herausforderung für die Führung besteht in der Zukunft darin, dass die Führungskräfte Treiber und Enabler der digitalen Transformation sind. Steuerung und Führung kann dabei nicht mehr von oben herab erfolgen, stattdessen müssen Führungskräfte agil sein und die Mitarbeiter im Führungsprozess partizipieren lassen. Nur so können Unternehmen letztlich agil sein.[185] Als Lösungsansatz werden nachfolgend zwei Ansätze dargelegt. Die Ansätze sind dabei als Möglichkeit anzusehen und können gleichzeitig nebeneinander existieren.

4.3.1 Digital Leadership

Digital Leadership beschreibt die partizipierende Führung unter Abkehr von traditionellen Strukturen mit Berücksichtigung und Nutzung der aktuellen digitalen Möglichkeiten. Der Führungsstil und das Mindset begrüßt die digitale Transformation und akzeptiert disruptive Veränderungen.[186] Digital Leadership ist sehr individuell auf den Manager selbst bezogen. Dieser sollte bereits bewährte und auf Exzellenz ausgerichtete Methoden beherrschen und gleichzeitig auch Ansätze für Innovationen und Geschwindigkeit nutzen. Dies sollte immer ausgewogen erfolgen, damit keine Unternehmensbereiche geschwächt werden, die noch traditionell geführt werden.[187] Der Digital Leader ist eine Rolle, die ein Manager einnimmt. Durch hohes digitales Wissen und Medienkompetenz gibt er den Mitarbeitern die Fähigkeiten weiter und arbeitet somit aktiv am Wandel zur digitalen Transformation mit. Dafür ist ein Digital Leader mit entsprechenden Entscheidungsmachten ausgestattet, um die Unternehmensstruktur und Teams verändern zu können. Dies geht mit entsprechenden Budgets und Zeitvorgaben einher.[188] Der Digital Leader bewegt sich bewusst in einem Spannungsfeld. Er kann unterschiedliche Generationen wie die Generation X, Y oder Z zusammenbringen und individuell je nach Bedürfnis führen. Dies schließt mit ein, dass ein Digital Leader Abwägungen zwischen Freiraum und Kontrolle machen muss, um Chaos zu vermeiden.[189] Zur Zielerreichung setzt Digital Leadership weiterhin auf Kontrolle. Diese zeichnet sich jedoch nicht mehr als Kontrolle der Arbeit aus, sondern richtet sich nach der Kontrolle von

---

[184] Vgl. Peters [2015], S. 78.
[185] Vgl. Petry [2016b], S. 74 f.
[186] Vgl. Rassek [2016], o. S.
[187] Vgl. Petry [2016b], S. 45.
[188] Vgl. Lindner [2017], S. 72.
[189] Vgl. Lindner [2017], S. 74 f.

übergeordneten Zielen. Digital Leadership sieht demnach eine klare Führungsverantwortung vor und sozialisiert diese nicht.[190] Der Digital Leader sieht somit klaren Aufgaben und Zielen entgegen. Er konzentriert sich auf das begleiten, organisieren und managen des digitalen Transformationsprozesses.[191]

4.3.2 Führen im Sinne der Agilität: Agile Leadership nach Scrum

Das Führungsverständnis im Sinne der Agilität besteht aus zwei Kernelementen. Das erste Kernelement ist das Agile Leadership oder auf deutsch agile Führung. Scrum als zweites Kernelement ist ein agiles Framework und eine Projektmethode. Beides kombiniert ergibt es das Sinnbild von Führen im Sinne der Agilität. Dabei ist dieses Führen deutlich anspruchsvoller als bisherige Formen. Führungskräfte müssen lernen, Fehler und vollständige Offenheit auszuhalten und haben als Kerngeschäft die Aufgabe, das Team und die Organisation weiterzuentwickeln.[192] Für das Verständnis des Sinnbildes wird zuerst einmal Scrum erläutert. Scrum selber ist ein agiles Framework, welches Teams die Orientierung in der Arbeit oder in Projekten verschafft. Dabei werden Erkenntnisse der Sozialpsychologie aufgegriffen, da im Scrum eine Klarheit von Rollen und Aufgaben herrscht, Prioritäten gesetzt sowie passende Kommunikationsmittel bereitgestellt werden.[193] Wie die Agilität selber kommt Scrum aus der agilen Entwicklung von Software. Es soll die Komplexität aus vollumfänglichen Planungen nehmen und kommt dabei mit wenigen Regeln aus.[194] Auf die Rollenverteilung angewandt bedeutet dies, dass es nur drei definierte Rollen gibt. Die erste Rolle, der Scrum-Master, ist der Organisator. Er kümmert sich um alle Rahmenbedingungen und steuert den Prozess, ohne dabei Weisungsbefugnis zum eigentlichen Projektgegenstand zu haben. Durch Coaching unterstützt er Problemlösungen und die Selbstorganisation des Teams.[195] Der Scrum-Master dominiert nicht, er ist unterstützend für das Team tätig und achtet darauf, dass konzentriert gearbeitet werden kann. Dies ist das erste Merkmal des agilen Leadership, die sogenannte dienende Führung.[196] Das Team selber nimmt die zweite Rolle ein und steht im Zentrum des Scrum-Prozesses. Hier wird das zweite

---

[190] Vgl. Petry [2016b], S. 46.
[191] Vgl. Rassek [2016], o. S.
[192] Vgl. Messbacher [o. J.], o. S.
[193] Vgl. Nowotny [2018], S. 95.
[194] Vgl. Petry [2016b], S. 68.
[195] Vgl. Nowotny [2018], S. 101.
[196] Vgl. Hofert [2016], S. 49.

Merkmal des agilen Leadership deutlich. Da das Team sich selbst organisiert, hat jedes Mitglied des Teams zumindest temporär die Pflicht, die Führung zu übernehmen. Daher ist die Fertigkeit des Selbstmanagements unabdingbar und ein Kernelement des agilen Leadership.[197] Die dritte Rolle wird vom Product Owner eingenommen. Dieser gibt die Ziele für das Endprodukt aus und ist eher ein Spezialist. Er ordnet die Kundenbedürfnisse ein, gibt die Prioritäten im Gestaltungsprozess aus und übernimmt somit die fachliche Führungsverantwortung.[198] Dies ist ein drittes Merkmal von agile Leadership. Es braucht noch Führung, nur eine deutlich andere als die bisher bekannte Führung. Führung muss den Menschen beistehen, Räume und Leidenschaft entfachen.[199] Die weiteren Regeln umfasst den Prozess, den sogenannten Durchlauf im Scrum. Der Scrum beginnt mit dem Product Backlog. Hier erfasst der Product Owner in enger Zusammenarbeit mit dem Kunden die Anforderungen und priorisiert diese. In einer ersten Sprint Planungssitzung wird der Sprint Backlog erstellt. Das Entwicklungsteam bestimmt hier selbst, welche Arbeiten gemacht und von wem diese ausgeführt werden. Dann beginnt der erste Sprint, also das eigentliche Arbeiten. Ein Sprint kann dabei die Dauer von zwei bis vier Wochen aufweisen. Ziel des Sprints ist es, dem eigentlichen Produkt um ein Inkrement, also einer Wertsteigerung, näherzukommen. Das Team lernt dabei, unter gleichen Bedingungen Verbesserungen einzuführen und die gemeinsam gesteckten Ziele selbstorganisiert zu erreichen.[200] Während des Sprints werden tägliche Daily Stand-Ups durchgeführt. Durch Beantwortung von drei Fragen muss jedes Teammitglied Offenheit und Transparenz schaffen, zu dem auch Mut gehört. Es geht dabei um den Erfolg der letzten 24 Stunden, was in den nächsten 24 Stunden passiert und wo Hilfe benötigt werden kann. Das Daily Stand-Up dient dabei als Ritual.[201] Am Ende eines Sprints wird im Sprint Review allen Beteiligten das Inkrement gezeigt und bewertet. Mögliche Änderungen oder neue Anforderungen werden in das Product Backlog aufgenommen. Eine Sprint Retrospektive sammelt Erfahrungen auf der Metaebene und dient der kontinuierlichen Verbesserung, die in

---

[197] Vgl. Nowotny [2018], S. 102.
[198] Vgl. Hofert [2016], S. 92.
[199] Vgl. Gloger [2016], S. 201.
[200] Vgl. Nowotny [2018], S. 98 ff.
[201] Vgl. Nowotny [2018], S. 105.

den nächsten Sprints berücksichtigt werden sollen. Der Durchlauf beginnt nun von vorne.[202]

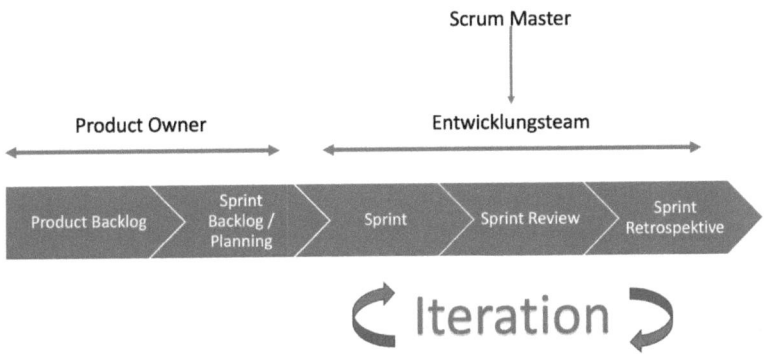

Abb. 4: Grundmodell von Scrum
(Quelle: Eigene Darstellung in Anlehnung an Petry [2016 b], S. 68)

Agile Leadership nach Scrum ist somit ein wertvoller Managementansatz, um das Führen in komplexen Umfeldern meistern zu können. Scrum kann dabei als Wegbereiter verstanden werden, Agilität zu leben und damit agile Leadership einzuführen. Bezogen auf die drei Merkmale wird die Überzeugung festgestellt, dass nur die Menschen, die die Arbeit auch erledigen, wissen, wie diese zu erledigen ist. Führung bedeutet nun, ihnen den Raum und das Umfeld zu geben, welches sie brauchen, um die Arbeit zu erledigen und sie dabei die Dinge machen zu lassen, die sie für angemessen halten.[203] Agile Leadership ist somit eine Haltung und ein Mindset. Sie ist keine vollständige Managementtheorie. Dienende Führung ist mehr als die bereits etablierte transformationale Führung, denn durch die Haltung und die Dynamik entspringen neue Tools, die prozess- und zielorientiert sind und Selbstverantwortung und Kreativität bei Mitarbeitern fördert.[204]

---

[202] Vgl. Nowotny [2018], S. 104.
[203] Vgl. Gloger [2016], S. 199.
[204] Vgl. Hofert [2016], S. 84.

5 Anforderungen an die agile Personalführung

Es bedarf bei der Benutzung agiler Methoden in der Personalführung der optimalen organisatorischen Ausrichtung sowie einer klaren Rolle der Führungskräfte im Unternehmen. Mit der Nutzung agiler Methoden findet ein Paradigmenwechsel statt, der die Unternehmenskultur in Frage stellt und revolutioniert.[205] Im Folgenden Kapitel wird auf die Anforderungen für die agile Personalführung eingegangen, unterteilt in die Anforderungen an die Organisation und an die Führungskräfte. Die Anforderungen sind branchenneutral gehalten. Die Anforderungen ergeben sich insbesondere aus dem Kapitel über die Agilität und über moderne Führungstheorien.

5.1 Anforderungen an die Organisation

Damit Agilität und somit auch die agile Personalführung in der Organisation funktionieren kann, muss die Organisation vom Profil und von der Art des Aufbaus diese auch zulassen. Hierbei kommt es auf eine gesunde Mixtur der Instrumente und Werte an. Die Unternehmenskultur, die als wesentlicher Erfolgsfaktor dient, nimmt eine entscheidende Rolle als Ordnungsfunktion ein.[206] Ein agiles Unternehmen kann nur entstehen, wenn die gesamte Organisation umgestellt wird und nicht nur Teilbereiche. Anderenfalls kann der Wandel zur Agilität nicht erfolgreich verlaufen.[207] Der Wandel der Kultur sowie der richtige Einsatz von Change Management ist hier von besonderer Bedeutung.[208] Als drei Kernpunkte für einen erfolgreichen Wandel ist die Proaktivität, die Nachhaltigkeit und die Individualität der Maßnahmen im Change Management zu nennen.[209] Agilität muss dabei insbesondere von den Führungskräften akzeptiert, toleriert und wertgeschätzt werden, da sonst eine Weitergabe der kulturellen Werte nicht erfolgen kann.[210] Doch neben den Führungskräften sind gerade die operativen Mitarbeiter diejenigen, die durch einen Kultur- und Wertewandel betroffen sind. Damit eine Akzeptanz für Agilität und agile Handlungsweisen geschaffen werden kann, ist es von besonderer Bedeutung, eine Experimentierkultur zu etablieren. Diese sollte die Kreativität, den

---

[205] Vgl. Lindner [2017], S. 55.
[206] Vgl. Doppler/Lauterburg [2014], S. 494.
[207] Vgl. Scheller [2017], S. 9.
[208] Vgl. Hofert [2016], S. 139 ff.
[209] Vgl. Lauer [2014], S. 178.
[210] Vgl. Hofert [2016], S. 160.

Verzicht von Perfektionismus, und die Akzeptanz von unfertigen Sachen oder Zuständen beinhalten.[211] Dies soll jedoch nicht implizieren, dass Teams willkürlich über den Fortschritt oder Erfolg eines Arbeitsschrittes entscheiden können. Durch die Etablierung der Fehlerkultur soll eine zu hohe Komplexität durch zu genaue Spezifikationen und zu langen Planungszeiten minimiert werden.[212] Durch die aktive Beteiligung der Betroffenen ist es wahrscheinlicher, dass schneller eine Akzeptanz für die Veränderung geschaffen werden kann.[213] Die Veränderung bzw. die Vorbereitung auf die Agilität betrifft insbesondere den Wertewandel. Die notwendigen Werte, auch als agile Werte bezeichnet, stellen die Grundlage für die Prinzipien der Agilität und die daraus folgenden Handlungen. Als wichtige Werte sind daher die Selbstverpflichtung, die Rückmeldung, der Fokus, die Kommunikation, der Mut, der Respekt, die Einfachheit und die Offenheit zu nennen.[214] Die Wichtigkeit von Werten ist nicht erst seit heute bekannt. Schon seit langer Zeit ist die gelebte Verknüpfung von Unternehmensmission, Tradition und den Werten ein wichtiger Faktor für den Unternehmenserfolg.[215] Aus den Werten ergeben sich dann die Prinzipien. Im Hauptaugenmerk ist dabei alles darauf ausgerichtet, den Teams die Prozessverantwortlichkeit zurückzugeben und Lösungen anzubieten, die sich am Kunden orientieren. In Thematiken genannt kommt insbesondere die Adaption, der Business Value, die Einbeziehung aller Beteiligten, akzeptierte Verantwortung, Transparenz, Inkremente und Iterationen, Flow und Bevollmächtigte dabei zum Tragen.[216] Sind die notwendigen, kulturellen Werte eingeführt, so beginnt der Einsatz der Agilität in der Vorgehensweise bei Veränderungen.

---

[211] Vgl. Hofert [2016], S. 158.
[212] Vgl. Dörner/Meffert [2016], S. 191.
[213] Vgl. Lauer [2014], S. 147.
[214] Vgl. Hofert [2016], S. 11.
[215] Vgl. Nowotny [2018], S. 72.
[216] Vgl. Nowotny [2018], S. 65 ff.

Anforderungen an die agile Personalführung

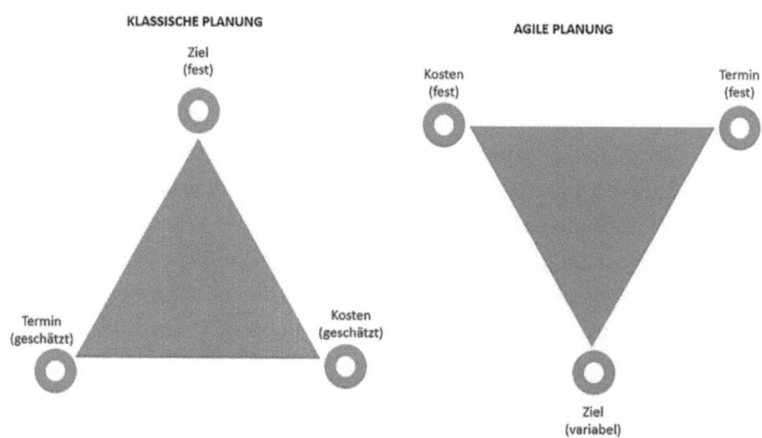

Abb. 5: Agil-iterative Planung und klassische Planung
(Quelle: Hofert [2016], S. 7)

Wo früher eine feste Lösung vorhanden war, wurden klassisch die Aufgaben oder das Problem verändert. Als agile Vorgehensweise wird jetzt das genaue Gegenteil ausgeführt, da nun die Lösung auf das Problem oder die Aufgabe angepasst wird.[217] Die Organisation reagiert nun mit Anpassung auf veränderte Umwelteinflüsse, welche den Fokus auf die Prozessorientierung legt, womit die Komplexität der Gesamtsteuerung deutlich zunimmt.[218] Der klassische Aufbau einer Organisation, meistens hierarchisch-arbeitsteilig organisiert, führt hier zu Problemen. Dieser veraltete Aufbau entstammt aus Zeiten, die von Stabilität und Kontinuität geprägt waren. Die nun aber instabile Umwelt und der ständige Wandel erfordert jedoch eine Netzwerkorganisation, da starre und etablierte Hierarchien die Informationsströme behindern und somit die Prozessketten entkoppeln können.[219] Die Organisation muss also zukünftig auf ein Liniensystem verzichten, um funktionsübergreifend arbeiten zu können. Die Organisation muss Spielraum schaffen, um die interne Zusammenarbeit von interdisziplinären Teams zu ermöglichen und die Ergebnisverantwortung auch auf diese übertragen zu können. Dieses dynamische Funktionsmodell bedingt auch, dass Mitarbeiter stetig von Projekt zu Projekt wechseln

---

[217] Vgl. Scheller [2017], S. 51 ff.
[218] Vgl. Hofert [2016], S. 19.
[219] Vgl. Doppler/Lauterburg [2014], S. 63.

und sich somit die Personalplanung und -führung deutlich verändert.[220] Die neue Form der Zusammenarbeit bedingt, dass eine qualitative Versetzung von Mitarbeitern entsteht, die auf Abwägungen von Mitarbeiterkompetenzen und Projektanforderungen basiert. Human Resources kann hierfür eine Collaboration-Plattform als digitalen Service anbieten.[221] Als weitere wichtige Anforderung ist die Vertrauenskultur zu nennen. Diese ist notwendig, um die Selbstorganisation zu ermöglichen und die Entscheidungsfindung transparenter zu machen. Eine Selbstorganisation fordert das Management auf, durch agiles Management stets ein ausgewogenes Verhältnis zwischen Regeln und Chaos herzustellen. Anderenfalls verfällt man sonst wieder in festgefahrene Strukturen oder in die Anarchie und gefährdet die neu eingeführte Unternehmenskultur.[222] Als eine mögliche Lösung hierfür existiert das drei Säulenmodell agiler Organisationen. Das Modell versucht ein ausgewogenes Verhältnis von Stabilität und Flexibilität in der Organisation zu wahren. Die erste Säule besteht aus klassischen Managementmethoden, die ein prozessorientiertes Denken durch erhöhte Kommunikation schaffen sollen. Als klassische Methoden sind insbesondere die Methoden zu nennen, die das Schaffen von Effizienz als Ziel haben. Hierfür kommen Methoden zur kontinuierlichen Verbesserung, wie zum Beispiel Lean- oder Qualitätsmanagement in Frage. Die zweite Säule besteht aus den neuen agilen Managementmethoden wie Scrum oder Design Thinking. Diese müssen stabil und fest verankert werden, denn schwache Herangehensweisen können agile Umsetzungsinitiativen gefährden. Als letzte und wichtigste Säule ist das agile Mindset zu beachten. Das agile Mindset knüpft wieder an Prinzipien und Werte der Agilität an und muss als Selbstverständlichkeit im Unternehmen etabliert werden. Treffen alle drei Säulen zusammen, so kann eine agile Organisation entstehen.[223]

---

[220] Vgl. Dörner/Meffert [2016], S. 191.
[221] Vgl. Promerit AG [2016], S. 32.
[222] Vgl. Lindner [2017], S. 58 f.
[223] Vgl. Aulinger [2017], S. 4 ff.

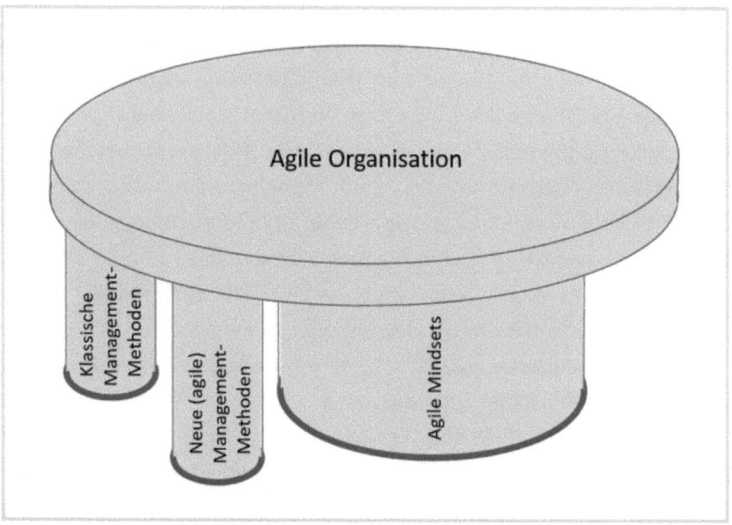

Abb. 6: Die drei Säulen agiler Organisationen
(Quelle: Aulinger [2017], S. 4)

Die agile Personalführung erfordert auch ein Umdenken in der Neuorganisation von Verantwortungsbereichen. Entscheidungen werden nicht mehr über Hierarchieebenen hinweg, sondern vermehrt von den Teams mit Entscheidungshoheit getroffen. Hierbei stellt sich die Frage, ob so manche Führungskraftinstanz nicht obsolet erscheint. Beim Umdenken zur agilen Personalführung ist mit hohen Widerständen innerhalb der Organisation zu rechnen, die nur mit externer Beratung und Coachings abgeschwächt werden können.[224] Ein denkbarer Schritt ist eine Abschaffung des mittleren Managements. In der klassischen Organisation mit vielen Hierarchieebenen ist das mittlere Management ein Magnet für das Anziehen von Verantwortung. Dies wirkt entgegen dem agilen Prinzip und schafft die falschen Rahmenbedingungen, da die Kommunikation blockiert wird. Die richtige Rahmenbedingung in der agilen Personalführung ist die Freiwilligkeit, die sich durch eigene Regeln, Absprachen und hoher Kommunikation bildet.[225]

Es bleibt festzuhalten, dass die agile Personalführung hohe Anforderungen an die Organisation stellt. Erkennbar sind hier die Punkte Organisationsentwicklung,

---

[224] Vgl. Kindler [2016b], o. S.
[225] Vgl. Gloger [2016], S. 209.

Human Resources, Unternehmens- und Führungskultur und in letzter Konsequenz auch die arbeitsrechtlichen Rahmenbedingungen. Bei aller Flexibilisierung von Arbeits- und Strukturformen müssen Punkte wie das Direktionsrecht in Konfliktfällen und Arbeitnehmerschutzvorschriften weiterhin beachtet werden.[226] Agiles Arbeiten, welches unabhängig von Zeit und Raum erfolgt, verändert die Work-Life-Balance erheblich. Dies bewirkt, dass die Arbeitsintensität zunimmt und es somit zu hohen psychischen Belastungen für die Mitarbeiten kommen kann. Human Resources kann zusammen mit dem Betriebsrat vorab Betriebsvereinbarungen schließen, um proaktiv die Arbeitsbedingungen im groben festzulegen.[227] Auch für die Organisation bedeutet dies, dass agile Personalführung ein Mindset und eine Kultur wiederspiegelt. Agilisierungen können sehr unterschiedlich ausfallen, daher sind sie sehr individuell zu planen. Klassische Themen der Organisation und der Unternehmensalltag in der Personalführung werden alleine durch Agilität nicht gelöst, sondern nur ergänzt.[228] Agile Personalführung wird de facto die klassische Organisation nicht vollständig verdrängen, sie wird nur durch Ausweitung von Wahlmöglichkeiten in agile Richtungen verschoben. Die Organisation wird konsequenter auf die Reaktionen der Umwelt reagieren und sich durch stetige Verbesserungen zukunftsorientiert an den volatilen Rahmenbedingungen anpassen.[229]

5.2 Anforderungen an die Führungskraft

Führungskräfte, die im digitalen Zeitalter gut führen wollen, müssen das VOPA-Plus berücksichtigen. Durch strikte Ausrichtung der Alltagshandlungen am Modell sind sie in der Lage, Führungsstile agil und flexibel zu leben und situationsgerecht zu verwenden.[230] Die Anforderungen für die Führungskraft wachsen damit immens. Durch interdisziplinare Teams, höherer Arbeitslast auf weniger Mitarbeitern und auch den neuen Arbeitsformen, die nicht mehr an Orte und Zeiten gebunden sind, steigen die Eigenschaften und Erwartungen an die Führungskräfte.[231] Der Ansatz zur agilen Personalführung fängt bei den Führungskräften selber an. Da Agilität

---

[226] Vgl. Krüger/Weißenborn [2018], S. 213.
[227] Vgl. Schwarzbach [2017], S. 9 f.
[228] Vgl. Krüger/Weißenborn [2018], S. 213.
[229] Vgl. Grannemann [o. J.], S. 7.
[230] Vgl. Willi [2017], o. S.
[231] Vgl. Kindler [2016a], o. S.

Kommunikation und Lernwillen verlangt, sollten diese Werte bei einer Führungskraft stark ausgeprägt sein. Eine Führungskraft kann keine Selbstorganisation von dem eigenen Team verlangen, wenn sie selber unorganisiert ist und keine Verantwortung übernimmt.[232] Hierzu gehört auch ein hohes Maß an Selbstreflexion. Es ist wichtig, diese Erkenntnisse zu nutzen, um Mitarbeiter agil führen zu können. Inhalte können hier zum Beispiel sein, welche Arbeitspakete selber erledigt werden können oder delegiert werden müssen und wie Zielsetzungen und Fristen realistisch gesetzt werden.[233] Eine Führungskraft agiert nun mehr als ein Coach. Es wird mehr Teambildung und -entwicklung von der Führungskraft verlangt. Die Kommunikation spielt hier eine große Rolle, da nur so Gruppendynamiken erkannt und die Prozesse innerhalb einer Gruppe verstanden werden können. Da Störungen in der VUCA-Welt fast an der Tagesordnung sind, entstehen häufig Konflikte. Die Führungskraft muss dabei Konflikte sofort ansprechen und insbesondere auf der emotionalen Ebene klären. Lösungen der sachlichen Ebene erfolgen grundsätzlich aus dem Teamsystem heraus und liegen in der Verantwortung der Mitarbeiter.[234] Die emotionale Komponente ist zusätzlich ausschlaggebend für die Motivation der Mitarbeiter. Die Führungskraft kann sich nicht mehr auf eine Positionsmacht berufen und agiert auf lateraler Höhe mit den Mitarbeitern.[235] Auch hier hilft die Rolle als Coach. Durch Empowerment, also die Fähigkeit Menschen zu eigenen Stärken und zur Übernahme von Verantwortung zu motivieren, ist die agile Personalführung auch als coachende Führung zu verstehen. Die Führungskraft kann so die Mitarbeiter stärken und Ressourcen gezielt freisetzen.[236] Entscheidungen werden dabei partnerschaftlich, mit Respekt und auf Augenhöhe getroffen. Die Führungskraft arbeitet in der Rolle als Coach grundsätzlich mit Fachexperten zusammen. Die agile Personalführung ist daher auch als Moderation zu verstehen, wo Herausforderungen mit hoher Komplexität so gelenkt werden, damit unter Beteiligung der Fachexperten am Ende eine Lösung entsteht.[237] Die Führungskraft hat für Transparenz und stetige Kommunikation zu sorgen, damit die Arbeitsprozesse allen Mitarbeitern verständlich sind. Dies setzt Kenntnisse in den agilen Methoden,

---

[232] Vgl. Hofert [2016], S. 165 f.
[233] Vgl. Kindler [2016a], o. S.
[234] Vgl. Hofert [2016], S. 166.
[235] Vgl. Hofert [2016], S. 165 f.
[236] Vgl. Hofert [2016], S. 167.
[237] Vgl. Kindler [2016a], o. S.

wie zum Beispiel Scrum, voraus.[238] Für stetige Kommunikation zu sorgen bedeutet auch Informationen von Mitarbeitern einzuholen. Wichtige Informationen, auch auf der emotionalen Ebene, erhält die Führungskraft nur, wenn sie authentisch den Mitarbeiter als Mensch in den Mittelpunkt rückt und die agile Personalführung nicht künstlich spielt.[239] Neben der Authentizität spielt dabei auch Vertrauen eine übergeordnete Rolle. Führungskräfte müssen Vertrauen zulassen können. Gelingt dies nicht, wird das Team nicht in die erforderliche Selbstorganisation überlassen und es besteht die Gefahr, dass zu viele operative Eingriffe seitens der Führungskraft sattfinden. Diese kosten wertvolle Zeit, die eigentlich in strategische Aufgaben wie die Weiterentwicklung des Bereiches gesteckt werden müssten.[240] Finden häufig Eingriffe in die Operative statt, so herrscht dagegen Misstrauen statt Vertrauen. Dies kann als ein Indiz für autoritäre oder machtinszenierende Verhaltensweisen der Führungskraft gesehen werden. Ein solches Verhalten taucht häufig bei erfahrenen Führungskräften auf, so dass diese sich in der agilen Personalführung vermehrt selbstreflektierend betrachten sollten. Autoritäre und machtinszenierende Verhaltensweisen zerstören agiles Denken und Handeln bei allen Beteiligten.[241] Es gilt hierbei zu beachten, dass eine Vertrauenskultur auch in der Organisation, wie im Kapitel zuvor beschrieben, vorherrschen muss. Anderenfalls können die Charakteristika des VOPA-Plus Modells nicht durch die Führungskraft umgesetzt werden.[242]

Agile Personalführung setzt wie bereits erwähnt auf eine hohe Kommunikation. In Anbetracht der Digitalisierung ergibt sich ein weiteres Anforderungsfeld für die Führungskraft, da diese bei den unterschiedlichen Arbeitsformen differenziert durch Raum- und Zeit nicht immer direkt beim Mitarbeiter oder Team ist. Nur die Führungskraft, die da ist, anleitet und sich somit einbringt, wird auch als agiler Manager betrachtet und respektiert.[243] Die Digitalisierung ermöglicht eine flexible Arbeitsorganisation. Mitarbeiter können zur besseren Vereinbarkeit von Beruf und privaten Leben zum Beispiel von zu Hause aus arbeiten oder genießen flexible statt starre Arbeitszeiten. Diese Anpassungen des Arbeitsumfeldes sowie die damit

---

[238] Vgl. Hofert [2016], S. 165 ff.
[239] Vgl. Kindler [2016a], o. S.
[240] Vgl. Kindler [2016b], o. S.
[241] Vgl. Nowotny [2018], S. 47 ff.
[242] Vgl. Petry [2016b], S. 43.
[243] Vgl. Gloger [2016], S. 211.

einhergehenden Erwartungen an die Akzeptanz durch die Führungskräfte haben einen sehr hohen Anteil an die Motivations- und Entscheidungsparameter der Mitarbeiter.[244] Die dadurch entstehenden Verzerrungen erfordern auch das Führen von Mitarbeitern auf Distanz. Die Führungskraft braucht hier hinsichtlich der digitalen Innovationen technisches Verständnis und Sicherheit im Benutzen von Software. Die zentrale Hauptanforderung besteht jedoch darin, wertschätzend und direkt in der Kommunikation über die technischen Kanäle zu sein. Dies setzt eine höhere soziale Kompetenz der Führungskräfte voraus.[245]

---

[244] Vgl. Beruf und Familie [2015], S. 3 ff.
[245] Vgl. Schreck [2016], o. S.

6 Fazit und Ausblick

Die Aufgabenstellung der Arbeit befasste sich mit der digitalen Transformation in der Versicherungsbranche und den daraus abzuleitenden Anforderungen an eine notwendige agile Personalführung. Im ersten Unterkapitel, dem Fazit, werden die Informationen und Erkenntnisse allgemein zusammengefasst und bewertet. Das zweite Unterkapitel gibt draus folgend Erkenntnisse für die Versicherungsbranche und einen Ausblick für mögliche Handlungsempfehlungen.

6.1 Fazit

Die digitale Transformation ermöglicht neue Arten von Geschäftsmodellen. Bisherige Big Player in Märkten oder sogar gesamte Branchen können durch disruptive Alternativmodelle ins Wanken geraten. Der Kunde muss stärker berücksichtigt werden und rückt dabei wieder mehr in den Vordergrund der Unternehmen. Diese stehen zusätzlich einer immer volatileren Umwelt entgegen, die aus den Faktoren der VUCA-Welt bestehen. Nur durch agile Verhaltensweisen können Unternehmen dem ständigen Wandel der Umwelt entgegnen. Methoden, die bereits in der agilen Softwareentwicklung eingesetzt werden, sind auch auf andere Organisationsbereiche übertragbar. Agile Verhaltensweisen bedingen auch eine agile Personalführung, die mit starken Paradigmenwechseln einhergeht. Mitarbeiter erhalten höhere Entscheidungskompetenzen, Hierarchieebenen finden dabei kaum noch Beachtung. Die Zusammenarbeit von unterschiedlichen Teams, auch im ständigen Wechsel, erschweren die Führung und erhöhen die Anforderungen an die Organisation und Führungskräfte. Dabei spielen Werte wie Vertrauen und Kompetenzen in der Kommunikation eine weitaus wichtigere Rolle als bisher. Die Anforderung für die Organisation besteht darin, die perfekten Rahmenbedingungen für die agile Personalführung bereitzustellen. Sie ist gefordert, eine entsprechende Organisationsplanung zu erstellen, die Netzwerke und Kommunikation fördert und eine Unternehmenskultur zu etablieren, in der agile Werte und Prinzipien fest verankert sind. Human Resources ist hier besonders gefordert und muss sich dabei neuerfinden. Gleichzeitig ist Human Resources selbst von der digitalen Transformation betroffen und muss sich agiler Verhalten, um den Anforderungen gerecht zu werden. Die Änderungen der Umwelt betreffen bei der agilen Personalführung insbesondere die Führungskräfte. Bisherige Assets und Führungsmethoden gelten in der agilen Führung als überholt. Die Digitalisierung und neue Arbeitsformen verhindern den Erfolg älterer Führungsmethoden. Führungskräfte werden zukünftig mehr als Coach und Moderator fungieren. Das Führungsverhalten ist mehr als dienliche Führung zu verstehen. Dafür ist eine bessere Selbstreflexion und Selbstorganisation unabdingbar, um auch als Vorbild wahrgenommen zu werden. Ihre Rolle im Unternehmen als strategischer Denker und Treiber für Innovationen wird sich erheblich ausweiten. Insgesamt bedeutet die agile Personalführung, dass es nicht auf Führung zu verzichten gilt, sie wird sogar wichtiger. Die Koordination von Projekten durch verschiedene Fachbereiche spielt dabei eine wichtige Rolle. Die Anforderungen und Kenntnisse erweitern sich somit immens für die Führungskraft und Organisation.

6.2 Ausblick für die Versicherungsbranche

Die Versicherungsbranche unterliegt einem besonderen Druck, agile Verhaltensweisen zu benutzen, um sich für die Zukunft zu rüsten. Fintechs, Insurtechs und auch Konkurrenten wie *Amazon* sind als Bedrohung für das jahrelang festgefahrene Geschäftsmodell bereits präsent. Die veraltete IT und die steigende Regulatorik erschweren die digitale Transformation. In diesen beiden Bereichen ist ein großer Handlungsbedarf erkennbar. Die Versicherungsbranche muss die Transformation beschleunigen und das auf agile Art und Weise. Die Ausgangslage hinsichtlich der Personalführung ist dabei deutlich kritischer einzuschätzen, als bei den Konkurrenten der neuen Umwelt. Die über Jahrzehnte gewachsenen Hierarchieebenen erschweren das Umdenken und verlangsamen den Transformationsprozess. Benötigte Fachexperten, insbesondere für den Bereich der Produktenwicklung und der Regulatorik, können unter den Hierarchieebenen nicht in der notwendigen und agilen Geschwindigkeit arbeiten. Die umfassenden Cost-Cutting Programme in den operativen Bereichen bedingen zusätzlich eine agile Personalführung, um weiterhin auf Umwelteinflüsse reagieren zu können. Es ist unabdingbar, einen Kulturwechsel einzuführen, der entgegen des Branchenprinzips der Sicherheit steht. Sicherheit in der VUCA-Welt kann nicht mehr garantiert werden. In der Personalführung ist es unverzichtbar ein agiles Mindset zu etablieren, in dem Fehler als Lerninhalt und Veränderungen sowie Unsicherheiten als Chance begriffen werden. Nur so kann die digitale Transformation in der Branche weiter etabliert werden. Die Führung sollte sich mehr nach Digital Leadership richten. Diese besitzt im Gegensatz zum vollständigen Agile Leadership nach Scrum den Vorteil, dass weiterhin eine hohe Führungsverantwortung bei den Managern liegt und somit genügend Bekanntes vorherrscht, bis die Unternehmenskultur komplett auf Agilität weiterentwickelt wurde. Die Zielsetzung und Fokussierung des Digital Leadership auf den digitalen Transformationsprozess kann die Entwicklung für die Branche entgegen der vorherrschenden Veränderungsaversion beschleunigen. Führungskräfte werden in der Versicherungsbranche dabei immer mehr Schnittstellen bedienen müssen, da die Fachbereiche immer mehr mit der IT zusammenarbeiten werden. Eine spätere Umstellung auf eine komplette agile Organisation und Personalführung, wie es zum Beispiel bei *Spotify AB* oder *Alphabet* der Fall ist, kommt durchaus in Betracht. Die Personalabteilungen müssen jedoch dafür auch entsprechende Führungskräfte bereitstellen können und diese jetzt entwickeln oder rekrutieren.

Literaturverzeichnis

Aulinger, A. [2017] Die drei Säulen agiler Organisationen, Berlin, Steinbeis-Hochschule Berlin, 2017.

BaFin [2016] Solvency II, verfügbar unter: https://www.bafin.de/DE/Aufsicht/VersichererPensionsfonds/Aufsichtsregime/SolvencyII/solvency_II_node.html (30.05.2018).

Beck, K./Beedle, M./Bennekum, A./ et al. [2001] Manifest für Agile [sic] Softwareentwicklung, verfügbar unter: http://agilemanifesto.org/iso/de/manifesto.html (21.05.2018).

Bendel, O. [o. J.] Gabler Wirtschaftslexikon. Digitalisierung, verfügbar unter: https://wirtschaftslexikon.gabler.de/definition/digitalisierung-54195/version-277247 (29.05.2018).

Beruf und Familie [2015] Eine Studie zu familien- und lebensphasenbewusster Personalpolitik im Zeitalter der Individualisierung, verfügbar unter: http://vereinbarkeit2020.berufundfamilie.de/wp-content/uploads/2016/01/Ergebnisbericht_Studie_Vereinbarkeit_2020-2.pdf (16.06.2018).

Bialas, M. [2016] Digital Leadership. Das VOPA+ Modell, verfügbar unter: https://www.digicomp.ch/blog/2016/10/03/digital-leadership-das-vopa-modell (09.06.2018).

BlueRocks [2011] AGIL Schema. Agiles Management anno 1951, verfügbar unter: https://www.bluerocks.de/projektmanagement-4-0/agiles-projektmanagement/186-agil-schema.html (21.05.2018).

Bohle, W./Lindner, B. M. [2017] Die Compliance im Wandel durch die Digitalisierung, in: KPMG AG Wirtschaftsprüfungsgesellschaft (Hrsg.): Digitalisierung im Maschinenraum der Finanzdienstleister, Stuttgart 2017, S. 144-150.

Bonnet, D./Claméjane, C./Ferraris, P./McAfee, A./Westermann, G. [2011] Digital Transformation. A roadmap for billion-dollar organizations, verfügbar unter: https://www.capgemini.com/wp-content/uploads/2017/07/Digital_Transformation_A_Road-Map_for_Billion-Dollar_Organizations.pdf (30.05.2018).

Bonnet, D./Fritzgerald, M./Kruschwitz, N./Welch, M. [2013] Embracing Digital Technology. A new strategic Imperative, verfügbar unter: https://www.capgemini.com/consulting/wp-content/uploads/sites/30/2017/07/embracing_digital_technology_a_new_strategic_imperative.pdf (29.05.2018).

Braun, S./Janker, T./Weddehage, M. [2017] Das interne Kontrollsystem (IKS) in einer digitalisierten Welt, in: KPMG AG Wirtschaftsprüfungsgesellschaft (Hrsg.): Digitalisierung im Maschinenraum der Finanzdienstleister, Stuttgart 2017, S. 157-163.

Deloitte [2013] Digitalisierung im Mittelstand. Studienserie Erfolgsfaktoren im Mittelstand, verfügbar unter: http://www.forschungsnetzwerk.at/downloadpub/Digitalisierung-im-Mittelstand.pdf (29.05.2018).

Detecon [2016] Digitalisierung und Internet of Things. Anforderungen an agile Organisationen, verfügbar unter: https://www.detecon.com/sites/default/files/detecon_studie_iot_organisation_final.pdf (02.06.2018).

Doppler, K./Lauterburg, C. [2014] Change Management. Den Unternehmenswandel gestalten, 14. Aufl., Frankfurt 2014.

Dörner, K./ Meffert, J. [2016] Neun erfolgskritische Fragen der Digitalen Transformation, in Petry, T. (Hrsg.): Digital Leadership. Erfolgreiches Führen in Zeiten der Digital Economy, Freiburg 2016, S. 187-196.

Duden [o. J.] Wörterbuch. Iterativ, verfügbar unter: https://www.duden.de/rechtschreibung/iterativ (07.06.2018).

Fischer, S. [2016a] Agiles Management. Wissenschaftliche Perspektiven und Einblick in die Forschung, verfügbar unter: https://hr-pioneers.com/wp-content/uploads/2015/04/HochschulePforzheim.pdf (21.05.2018).

Fischer, S. [2016b] Haufe HR-Management. Definition: Agilität als höchste Form der Anpassungsfähigkeit, verfügbar unter: https://www.haufe.de/hr-management/agilitaet/definition-agilitaet-als-hoechste-form-der-anpassungsfaehigkeit_80_378520.html (19.05.2018).

Fromme, H. [2017] Amazon rekrutiert für disruptive Versicherung, verfügbar unter: https://versicherungsmonitor.de/2017/11/13/amazon-rekrutiert-fuer-disruptive-versicherung/ (03.06.2018).

Gebert, A. [o. J.] Focus Online. Allianz schließt viele Geschäftsstellen und setzt aufs Netz, verfügbar unter: http://www.focus.de/finanzen/news/versicherungen-allianz-will-fast-jede-dritte-geschaeftsstelle-schliessen_id_4739866.html (23.05.2018).

Gloger, B. [2016] Agile Leadership mit Scrum, in Petry, T. (Hrsg.): Digital Leadership. Erfolgreiches Führen in Zeiten der Digital Economy, Freiburg 2016, S. 197-212.

Grabmeier, S. [2016] Fünf Schritte der Enterprise 2.0-Transformation, in Petry, T. (Hrsg.): Digital Leadership. Erfolgreiches Führen in Zeiten der Digital Economy, Freiburg 2016, S. 325-337.

Grannemann, U. [o. J.] Agile Organisationen brauchen nicht weniger Führung, sondern mehr Führung. Aber eine andere, Freiburg, Haufe Akademie Competence Center Leadership, o. J.

Heute und Morgen [2013] Studienflyer Onlineabschluss. Versicherungsabschluss online – Nutzerverhalten und zukünftige Kundenerwartungen, verfügbar unter: https://heuteundmorgen.de/wp-content/uploads/2016/08/studienflyer_onlineabschluss.pdf (30.05.2018).

Hofert, S. [2016] Agiler führen. Einfache Maßnahmen für bessere Teamarbeit, mehr Leistung und höhere Kreativität, Wiesbaden 2016.

Hoser, M./Scham, T. [2017] Die Lage der Versicherer im Digitalisierungszeitalter, in: KPMG AG Wirtschaftsprüfungsgesellschaft (Hrsg.): Digitalisierung im Maschinenraum der Finanzdienstleister, Stuttgart 2017, S. 23-35.

Jäger, W./Körner P. [2016] New Work, New Leadership, in Petry, T. (Hrsg.): Digital Leadership. Erfolgreiches Führen in Zeiten der Digital Economy, Freiburg 2016, S. 99-114.

Kaiser, S./Kozica, A. [2015] Zukunftsfähige Führung in fluiden Organisationen und modernen Arbeitswelten, in: Frey, D./Molina, K./Ringelstetter, M/Widuckel, W. (Hrsg.): Arbeitskultur 2020. Herausforderungen und Best Practices der Arbeitswelt der Zukunft, Wiesbaden 2015, S. 307-322.

Kindler, S. [2016a] Agile Führung: Diese Fähigkeiten sind gefordert, verfügbar unter: https://www.haufe-akademie.de/blog/themen/fuehrung-und-leadership/agile-fuehrung-diese-faehigkeiten-sind-gefordert/ (10.06.2018).

Kindler, S. [2016b] Die moderne Arbeitswelt verlangt nach agiler Führung, verfügbar unter: https://www.haufe-akademie.de/blog/themen/fuehrung-und-leadership/moderne-arbeitswelt-agile-fuehrung/ (10.06.2018).

Kobi, J.-M. [2016] Neue Prämissen in Führung und HR-Management. Mehr Leistung durch Sicherheit und Verbundenheit, Wiesbaden 2016.

Köhler, M. [2017] Transformation ohne Innovation? Ein Lösungsansatz für die Assekuranz, in: KPMG AG Wirtschaftsprüfungsgesellschaft (Hrsg.): Digitalisierung im Maschinenraum der Finanzdienstleister, Stuttgart 2017, S. 43-50.

KPMG AG [o. J.] Digitale Trendwende im Versicherungswesen, verfügbar unter: https://home.kpmg.com/de/de/home/themen/2015/01/digitale-trendwende-im-vresicherungswesen.html (23.05.2018).

KPMG AG [2015] Transforming Insurance. Wege durch die technologische Transformation, verfügbar unter: https://assets.kpmg.com/content/dam/kpmg/pdf/2015/07/transforming-insurance-versicherungen-im-digitalen-umbruch-2015-KPMG.pdf (23.05.2018).

Krüger, A./Weißenborn, M. [2018] Agilität weitergedacht. Arbeiten Sie schon agil oder sind Sie noch von gestern, in: Arbeit und Arbeitsrecht, Nr. 04/2018, S. 210-213.

Lauer, T. [2015] Change Management. Grundlagen und Erfolgsfaktoren, 2. Aufl., Heidelberg 2014.

Lechte, T./Reuß, A. [2017] Die digitale Herausforderung für Banken und Versicherungen, in: KPMG AG Wirtschaftsprüfungsgesellschaft (Hrsg.): Digitalisierung im Maschinenraum der Finanzdienstleister, Stuttgart 2017, S. 5-11.

Lindner, D. [2017] Agile Unternehmen. Zukunftsfähig in der digitalen Transformation, Nürnberg, Dominic Lindner – Projektify e.V., 2017.

Loyal, A./Widmann, F. [2017] IT-Transformation – eine große Aufgabe für Versicherer, in: KPMG AG Wirtschaftsprüfungsgesellschaft (Hrsg.): Digitalisierung im Maschinenraum der Finanzdienstleister, Stuttgart 2017, S. 67-79.

Maier, G. [o. J.] Gabler Wirtschaftslexikon. Führung, verfügbar unter: https://wirtschaftslexikon.gabler.de/definition/fuehrung-33168/version-256695 (09.06.2018).

Matouschek, G./von Hülsen, B. [2015] Auf dem Weg zum Omni-Kanal, in: Zimmermann, G. (Hrsg.): Change Management in Versicherungsunternehmen. Die Zukunft der Assekuranz erfolgreich gestalten, Wiesbaden 2015, S. 335-352.

Messbacher [o. J.] Führen im Wandel. Scrum und Agile Leadership, verfügbar unter: http://messbacher.de/fuehrung/story/scrum-und-agile-leadership/ (10.06.2018).

Michopoulos, A. [2015] Vertrieb muss sich bewegen, in: Versicherungsmagazin, Nr. 7 von 2015, S. 16-23.

Nicker, M. [o. J.] Bearing Point Insight. Sind wir bereit, disruptive Geschäftsmodelle in der Versicherungsbranche zu akzeptiere, verfügbar unter: https://www.bearingpoint.com/de-de/unsere-expertise/insights/disruptive-geschaeftsmodelle-in-der-versicherungsbranche/ (03.06.2018).

Nowotny, V. [2018] Agile Unternehmen. Nur was sich bewegt, kann sich verbessern, 4. Aufl., Göttingen 2018.

Onpulson [o. J.] Pilotprojekt, Onpulson Wirtschaftslexikon, verfügbar unter: https://www.onpulson.de/lexikon/pilotprojekt/ (05.06.2018).

Peters, T. [2015] Leadership. Traditionelle und modern Konzepte, Wiesbaden 2015.

Petersen, T. [2014] Ökonomische Globalisierung und Digitalisierung, in: Das Wirtschaftsstudium: wisu, Nr. 43, 2014, S. 987-991.

Petry, T. [2016a] Digital Leadership. Erfolgreiches Führen in Zeiten der Digital Economy, Freiburg 2016.

Petry, T. [2016b] Digital Leadership. Unternehmens- und Personalführung in der digital Economy, in Petry, T. (Hrsg.): Digital Leadership. Erfolgreiches Führen in Zeiten der Digital Economy, Freiburg 2016, S. 21-82.

Petry, T./Schreckenbach, F. [2016] Enterprise 2.0 als Baustein der Digitalen Transformation – Status Quo der Social Media Nutzung in deutschsprachigen Unternehmen, in Petry, T. (Hrsg.): Digital Leadership. Erfolgreiches Führen in Zeiten der Digital Economy, Freiburg 2016, S. 279-292.

Petry, T. [2018] Sieben Erkenntnisse zur Veränderung der Arbeit im digitalen Zeitalter, verfügbar unter: https://www.capital.de/karriere/7-erkenntnisse-zur-veraenderung-der-arbeit-im-digitalen-zeitalter (04.06.2018).

Pohl, D. [2018] Versicherer mutieren vom Schadenmanager zum Beaufsichtiger, verfügbar unter: http://vjournal.de/-131768 (29.05.2018).

Promerit AG [2016] Benchmarking HR Digital. (Wie) schafft HR die Transformation, Köln 2016.

Rassek, A. [2016] Digital Leadership. Was zeichnet einen Digital Leader aus, verfügbar unter: https://karrierebibel.de/digital-leadership/#Definition-Der-spezielle-Fuehrungsstil-der-Digital-Leader (04.06.2018).

Reich, N./Stange, A. [2015] Die Zukunft der deutschen Assekuranz: chancenreich und doch ungewiss, in: Zimmermann, G. (Hrsg.): Change Management in Versicherungsunternehmen. Die Zukunft der Assekuranz erfolgreich gestalten, Wiesbaden 2015, S. 3-10.

Richter, S.-L./Zimmermann, G. [2015] Gründe für die Veränderungsaversion deutscher Versicherungsunternehmen, in: Zimmermann, G. (Hrsg.): Change Management in Versicherungsunternehmen. Die Zukunft der Assekuranz erfolgreich gestalten, Wiesbaden 2015, S. 11-36.

Rieß, S. [2018] Beginn einer neuen Ära. Automatisierung war früher, in: Anderson, K./Vokens, B. (Hrsg.): Digital Human. Der Mensch im Mittelpunkt der Digitalisierung, Frankfurt am Main 2018, S. 53-64.

Samulat, P. [2017] Die Digitalisierung der Welt. Wie das Industrielle Internet der Dinge aus Produkten Services macht, Wiesbaden 2017.

Scheller, T. [2017] Auf dem Weg zur agilen Organisation. Wie Sie ihr Unternehmen dynamischer, flexibler und leistungsfähiger gestalten, München 2017.

Schmidt, K. M. [2013] Ende einer Ära oder Beginn eines neuen Zeitalters? Wie neue digitale Kunden das Banking verändern, in: Everling, O./Lempka R. (Hrsg.): Finanzdienstleister der nächsten Generation. Die neue digitale Macht der Kunden, Frankfurt am Main 2013, S. 109-120.

Schneider, C. [2014] Der Vertrieb von Versicherungen über das Internet nach Inkrafttreten der EG-Richtlinie über den Fernabsatz von Finanzdienstleistungen, Berlin 2004.

Schnell, C. [2017] Wegen Digitalisierung. Versicherungen brauchen weniger Mitarbeiter, verfügbar unter: http://www.handelsblatt.com/finanzen/banken-versicherungen/wegen-digitalisierung-versicherungen-brauchen-weniger-mitarbeiter/19593350.html?ticket=ST-151020-RDjQQFM0IdmdMlsU67rZ-ap1 (03.06.2018).

Schönbohm, R. [2017] Enterprise 2.0 als Baustein der Digitalen Transformation – Aufgaben, Barrieren und Erfolgsfaktoren in großen Unternehmen, in: Petry, T. (Hrsg.): Digital Leadership. Erfolgreiches Führen in Zeiten der Digital Economy, Freiburg 2016, S. 293-324.

Schreck, K. [2016] Der Leitwolf: Führung auf Distanz, verfügbar unter https://www.haufe-akademie.de/perspektiven/fuehrung-auf-distanz/ (18.06.2018).

Schwarzbach, M. [2017] Agil und ausgepresst. Agile Unternehmensführung als Herausforderung für Gewerkschaften und Betriebsräte in der digitalen Arbeitswelt, München, isw – sozial-ökologische Wirtschaftsforschung e.V., 2017.

Scrum Akademie [o. J.] So sieht Agile bei Spotify aus. Einblick in die Kultur der Softwareentwicklung bei Spotify, verfügbar unter: https://www.scrumakademie.de/product-owner/wissen/so-sieht-agile-bei-spotify-aus/ (09.06.2018).

Thier, J. [2016] Arbeitswelt 4.0. Mensch gegen Maschine, verfügbar unter: http://m.faz.net/aktuell/beruf-chance/beruf/arbeitswelt-4-0-menschgegen-maschine-14333156.amp.html (07.06.2018).

Trude, E. [2016] Entwicklung von Kompetenzen für den digitalen Arbeitsplatz – Darstellung am Praxisbeispiel der Qualifizierung zu internen Community-Managern bei der Robert Bosch GmbH, in: Petry, T. (Hrsg.): Digital Leadership. Erfolgreiches Führen in Zeiten der Digital Economy, Freiburg 2016, S. 231-250.

Versicherungswirtschaft heute [2018] Digitalisierung: Keine Strategie, nur Technologie, verfügbar unter: http://versicherungswirtschaft-heute.de/maerkte-vertrieb/digitalisierung-keine-strategie-nur-technologie/ (07.06.2018).

Weber, J. [2013] Wie Kunden und Berater gemeinsam vom Web 3.0 profitieren – ein interaktives Kundenportal als Beispiel für Service-Design bei Banken, Versicherungen und Makler, in: Everling, O./Lempka, R. (Hrsg.): Finanzdienstleister der nächsten Generation. Die neue digitale Macht der Kunden, Frankfurt am Main 2013, S. 205-222.

Wenig, M. [2017] Axa Deutschland will weitere 800 Stellen streichen, verfügbar unter: https://www.versicherungsbote.de/id/4852267/Axa-Deutschland-will-weitere-800-Stellen-streichen/ (31.05.2018).

Willi, I. [2017] HR und Leadership. Modell für digitale Führung: VOPA+, verfügbar unter: https://www.kalaidos-fh.ch/de-CH/Blogs/Posts/2017/05/hrl-1077-Modell-digitale-Fuehrung-VOPA (09.06.2018).